Après tout,

Ça arrive tous les jours

Après tout,

Ça arrive tous les jours

Nouvelles

Céline Saint-Charle

ISBN : 9782322015924

Éditeur : BoD-Books on Demand

12/14 Rond-point des Champs Élysées

75 008 Paris, France

À tous ceux qui croient en moi plus que je n'y crois moi-même.

Merci à mes petits illustrateurs,
âgés de 4 à 14 ans :
Kylian, Jules, Baptiste, Promise,
Keysi, Nora,
Lou-Anne, Oliver, Mathieu, Jade,
Cyrielle et Inès

Après tout, ça arrive tous les jours

Je regarde la coccinelle grimper péniblement le long de mon bras tendu. Je n'ai jamais bien compris pourquoi les coccinelles s'obstinent à marcher sur des brins d'herbe secoués par le vent, ou sur des feuilles poissées par les limaces, alors qu'elles auraient aussi vite fait de voler jusqu'à leur destination. Peut-être aiment-elles tout particulièrement le contact de quelque chose sous leurs pattes frêles ? Le soleil tape sur la paume de ma main, et tout mon bras commence à s'engourdir. De toute façon, la coccinelle ne m'amuse plus. Je la dépose doucement sur un pissenlit, en prenant bien garde de ne pas trop serrer le petit corps brillant.

La chaleur de l'après-midi me rend toute molle, comme si je fondais. Les yeux fermés, couchée dans l'herbe jaunie, j'écoute les bruits de la nature autour de l'étang. L'absence de courant d'air amplifie tout, et même le plus ténu des sons porte jusqu'à mes oreilles. Un hanneton passe en bourdonnant, une musaraigne couine quelque part sur ma gauche, et les poissons-chats qui gobent les araignées d'eau font des jolis « plop » rigolos.

Bien sûr, quand maman m'a demandé tout à l'heure d'emmener la petite au bord de l'étang, après une bonne heure de jérémiades de sa part, j'ai protesté en tapant du pied, pour la forme. En réalité, j'en rêvais, mais je ne l'aurais reconnu pour rien au monde. Je n'ai pas l'intention de simplifier la tâche à maman. Je ferai tout ce qui est en mon pouvoir pour lui gâcher son été. Le caractère impossible de la petite va sans aucun doute m'y aider.

Jusqu'à présent, j'ai tout fait pour secourir maman, j'ai chanté des berceuses à la petite alors qu'elle n'était encore qu'une mioche rougeaude et braillarde dans son petit lit. Je finissais par m'assoupir contre les barreaux, bercée par le bip régulier du moniteur cardiaque. Quand j'ouvrais les yeux, la petite me regardait de ses grands iris interrogateurs, un large sourire sur sa face maigre laissant apparaître une quenotte. Elle était marrante, à cette époque-là, et je l'aimais bien.

Mais maman lui a tout passé depuis, sous prétexte que l'énervement et la contrariété étaient mauvais pour son cœur. AH ! Elle a peut-être été opérée quand elle était bébé, mais son cœur fonctionne parfaitement aujourd'hui ! Il n'y a qu'à la voir courir autour de l'étang, à faire l'avion. Elle est en pleine forme, cette sale mioche ! Mais jamais je ne pourrai expliquer ça à maman sans me prendre une taloche derrière l'oreille. Je serais bonne pour un nouveau sermon, à coup sûr !

J'imagine déjà maman, le doigt menaçant pointé à deux centimètres de mon nez :

— Lucie ! Combien de fois va-t-il falloir te répéter que ta sœur ne doit pas se fatiguer ? C'est mauvais pour son cœur. Et tu ne dois jamais, jamais, la laisser s'approcher de l'étang toute seule.

Tu parles, j'ai bien entendu les médecins dire à maman que la petite va tout à fait bien, qu'il faut la laisser vivre sa vie d'enfant, que ce sont les nerfs de maman qui déconnent. C'est pour ça qu'elle prend tout un tas de cachets, et qu'elle dort la moitié du temps. Je voudrais la voir, elle, à essayer de rattraper la petite si elle s'est mis en tête de courir un peu partout dans le parc. Quand on rentre à la maison, elle est toute rouge et essoufflée. Maman pousse des cris perçants, persuadée que la môme nous fait une crise cardiaque. Et je me retrouve chaque fois punie jusqu'au dîner.

Maman est certaine que c'est moi qui m'occupe mal de la petite, et que deux enfants, c'est trop pour elle. Et voilà qu'à la fin de l'été, je ferai mon entrée en 6ᵉ dans un internat, où je resterai toute la semaine, pour ne rentrer qu'au week-end. J'ai bien essayé de lui expliquer que ce n'est pas moi le problème, mais l'autre chipie, que c'est d'elle dont il faut se débarrasser, rien à faire ! Elle a juste lâché, les lèvres pincées et frémissantes :

— Tu n'y penses pas ! Dans son état !

Il me reste à peine un mois pour trouver une solution.

Enfin, j'ai déjà une solution, un plan parfait. Mais je ne l'ai pas encore mis à exécution. Depuis que je sais ce que je vais faire, je peaufine, je mets toute mon ardeur à régler les plus infimes détails, pour qu'à aucun moment, quiconque n'entrevoie la vérité. Et je dois bien reconnaître que je prends un plaisir immense à regarder la petite, et à faire des choses avec elle, en ayant cet énorme secret dans le fond de mon cœur. C'est comme si j'avais un pouvoir incommensurable qu'elle ne devine pas. Parfois, je découvre ses prunelles songeuses posées sur moi, plus pénétrantes qu'à l'ordinaire. On dirait qu'elle sent confusément ce que je mijote. L'autre jour, j'ai failli passer à l'action, quand une averse s'est déclarée, inattendue. La petite s'est retournée, manquant me surprendre. Les gouttes de pluie sur ses joues formaient comme des larmes. Je n'ai pas eu le courage.

Il suffira d'un simple « accident » pour que tout redevienne comme avant. J'ai tout prévu. Il y a un endroit dans l'étang où le fond est plus profond que partout ailleurs. La vase s'est accumulée, j'ai failli m'y noyer une fois. Mes sandales en plastique sont restées collées, et j'ai eu un mal fou à arracher mes pieds du fond. Si je pousse assez fort la petite, elle tombera la tête la première dans l'eau marron et n'arrivera jamais à remonter toute seule. Dès qu'elle tentera de se mettre debout, la vase la retiendra prisonnière plus sûrement que la plus épaisse chaîne. Elle n'aura aucune chance de s'en sortir sans assistance. Et, évidemment, pas question que je lui vienne en aide ! Ses poumons se rempliront d'eau, lui faisant retrouver pendant quelques secondes la félicité de la vie dans le ventre de maman. L'adrénaline se diffusera dans son corps, mais chaque effort provoqué par la terreur n'aura pour effet que de hâter un peu plus la fin.

Si elle ne se noie pas dans les premières minutes, il me suffira d'attendre que ses jambes la lâchent. Elle finira par s'enfoncer dans l'eau à un moment où à un autre, c'est forcé. J'aimerais bien qu'elle se noie debout, ses jolis cheveux blonds étalés tout contre les fleurs des nénuphars devraient faire un spectacle moins terrible pour ceux qui viendront la repêcher que si elle est couchée, engluée dans la boue de l'étang.

Quand j'ai réfléchi à tout ça, j'ai pensé qu'il y avait une toute petite chance pour qu'elle se débatte suffisamment pour réussir à s'extirper de la vase. Pendant les premiers jours de juillet, pendant qu'elle était à sa visite annuelle de contrôle à l'hôpital, j'ai jeté quelques grosses pierres à cet endroit de l'étang, et j'en ai gardé une près du rivage. Comme ça, il me suffira de lui asséner un coup sur la tête avec la pierre pour l'assommer. Ensuite, je jetterai la pierre avec les autres, et tout le monde pensera qu'elle s'est cognée en tombant à l'eau.

Je me dis qu'elle risque quand même de crier, ou au moins de pleurnicher pendant qu'elle se noiera, alors je ne quitte pas mon baladeur, écouteurs sur les oreilles, prêt à fonctionner. Il ne faudrait pas que ses geignements me fassent changer d'avis. Je mettrai la musique à fond. Je crois que c'est l'idée la plus brillante que j'aie eue par rapport à tout ça. Le baladeur aura double utilité : m'empêcher de la repêcher si ses braiements me font trop pitié (après tout, les fermiers arrêtent-ils d'égorger le cochon sous prétexte qu'il couine ?), et me fournir un alibi solide si quelqu'un, passant par là, entendait ses cris.

Au pire, on pourra me taxer de négligence, mais personne ne pourra se douter de la vérité.

Après tout, ça arrive tous les jours, un gosse qui se noie. Ça attriste tout le monde, mais ça reste de regrettables accidents. Maman se culpabilisera, comme les grandes personnes savent si bien le faire, et rejettera tout son amour sur moi. Nous recommencerons comme avant, avant la petite et son opération, avant qu'elle impose sa dictature à la maison. Peut-être même que papa reviendra, une fois que la sale gamine ne sera plus là pour nous rendre la vie impossible.

Mamie dira à maman qu'elle aurait mieux fait de l'écouter, depuis le temps qu'elle lui conseillait de faire combler ce fichu étang, et que ce n'était pas à moi, Lucie, de m'occuper toute la journée d'une enfant de trois ans. Hélas, moi qui adore nager, je n'aurai sans doute plus jamais le droit de me baigner, maman sera trop traumatisée par l'eau. Mais c'est un bien léger sacrifice si cela peut me rendre son regard pétillant de tendresse posé sur moi. Je serai considérée autant comme une victime que la petite, et tout le monde sera aux petits soins pour moi. Il faudra que j'évite d'aller au soleil, pour avoir la peau pâle qui sied aux grandes malheureuses. Il faudra éventuellement que je perde un peu de poids, afin de développer une aura tragique et mystérieuse. Les autres élèves du collège me laisseront tranquille, et j'aurai plein d'amies. Je serai *celle-dont-la-petite-sœur-s'est-noyée*.

Dès je serai certaine que la petite est bien morte, j'entrerai tout habillée dans l'étang pour prétendre avoir tout tenté pour la sauver. J'abandonnerai une chaussure sur la rive pour parfaire le tableau, puis je partirai en courant en direction de la maison, en hurlant. Il y a au moins un kilomètre pour rejoindre la maison, et quand j'y arriverai, mes poumons me brûleront par manque d'oxygène. Il faudra que je me retienne de rire, pour ne pas flanquer mon plan par terre. Dans la même journée, les deux sœurs qui ont mal aux poumons, c'est tout de même comique ! Lorsque j'annoncerai à maman ce qui s'est passé, il faudra que mon discours soit incohérent, et entrecoupé de sanglots (ça, c'est facile à faire après un kilomètre de course effrénée en plein soleil).

Personne ne mettra en doute la thèse de l'accident. Peut-être que nous déménagerons, pour oublier.

À l'enterrement, tout le monde sera en noir, et moi aussi. Maman dit toujours que le noir n'est pas fait pour les petites filles, mais elle sera bien obligée d'accepter pour cette fois. Il ne serait pas correct que j'enterre la petite en robe gaie et claire quand même ! Par contre, je ne pense pas qu'elle me laissera passer de jolis collants noirs et mettre une voilette de dentelle, comme dans les films. Pour cela, il faudrait que j'attrape trois ou quatre ans de plus. Mais pas question de supporter la petite encore autant d'années !

Un léger bruissement me fait revenir à la réalité. Cette andouille de coccinelle a trouvé le moyen de s'accrocher dans une toile d'araignée tendue entre deux buissons. Elle se débat avec désespoir, chacun de ses mouvements l'attachant un peu plus sûrement aux fils presque translucides. Plus bas, une sauterelle ayant abandonné toute espérance attend la mort avec résignation. Je vois son abdomen se soulever à intervalles irréguliers, la terreur l'empêchant de respirer normalement. Je comprends que les animaux doivent se nourrir, mais je déteste les voir souffrir. J'imagine la détresse des deux insectes qui se savent perdus, j'ai presque l'impression de sentir leur angoisse sourdre dans chaque vibration de la toile. La propriétaire, une épeire superbe, commence à se mouvoir paresseusement, s'apprêtant à venir mordre ses proies, avant de les entourer de soie et de les déguster. Je lui apporterai quelques mouches demain matin, pour compenser. À l'aide d'une brindille, je décolle délicatement la coccinelle des fils gluants, puis la sauterelle. Elle reste de longues minutes au bout du bâton, n'osant bouger. J'aime à penser qu'elle m'est reconnaissante de l'avoir sauvée. Une fois, j'ai arraché un moineau tout estourbi des griffes du chat du voisin. Le pauvre oiseau était palpitant de peur, une gouttelette de sang coulait le long d'une plume de l'aile, là où les crocs pointus du félin avaient percé la peau fine. Je ne comprendrai jamais quelle cruauté peut animer les animaux pour qu'ils jouent ainsi avec leur proie pendant de longues minutes, insensibles à la souffrance de l'autre.

La petite aime bien s'amuser avec les insectes, mais elle prend bien garde de ne pas leur faire de mal, elle sait que je ne tarde pas à lui mettre une claque si elle en tue un. Elle nettoie quelques dizaines de centimètres du sentier en pente qui mène à l'étang, ses mains potelées écartent les feuilles, les mousses et les brindilles. Puis elle cherche des scolopendres sous les pierres qui bordent le chemin. Dès qu'elle les attrape, ils se roulent en boule pour se protéger. Elle les dépose alors à terre et les regarde dévaler jusqu'en bas de la pente. Parfois, nous organisons les championnats du monde de courses de scolopendres. Qu'est-ce qu'on rigole, ces jours-là ! Les gendarmes font aussi de chouettes compagnons de jeu, avec leur mine affairée et sérieuse. Mais ce que la petite préfère, ce sont les orvets, qu'elle accroche autour de ses poignets et de ses bras, comme de précieux bracelets égyptiens. Elle les garde comme ça toute la journée, et je l'appelle « Sa Majesté ». Elle en est rouge de fierté. C'est bête, les gosses ! Si elle savait, elle rigolerait moins…

L'année prochaine, on fera peut-être un voyage avec maman, pour oublier tout ça. Dans un pays exotique, avec des crocodiles. Ça ferait du bien à maman.

La coccinelle a fini par s'envoler, sans foncer dans la toile cette fois. Les ombres ont changé, signe que le soleil descend dans le ciel, et que l'heure du goûter est proche. La petite piaille à quelques mètres de moi, parce qu'une fourmi lui a grimpé sur le pied. Mon estomac gargouille, il réclame son pain au lait et ses quatre carrés de chocolat quotidiens. Ça m'agace, ce besoin de manger dans l'après-midi, ça fait bébé. Mon estomac ne grandit pas aussi vite que ma tête, on dirait. Il a du mal à comprendre que je suis une grande, et qu'une grande n'a pas besoin de son goûter. Je soupire, fataliste. Ça viendra bien. Un jour, je picorerai mon déjeuner, une carotte et deux radis, comme maman. Et je ne mangerai plus rien jusqu'à l'heure de l'apéritif, où je m'autoriserai à grignoter une ou deux cacahuètes. Mais pour l'heure, la petite tire sur la manche de mon t-shirt sale :

— Ma Lucie chérie, j'ai faim, on va goûter ?

Je lui octroie un sourire condescendant.

— C'est bon, la petite, j'arrive

Elle se tient à l'endroit exact d'où je projette de la jeter dans l'eau. J'ai une dernière vision de son corps frappant l'eau opaque, pareille à une tempête venant affoler toutes les vies minuscules qui peuplent l'étang. Elle écrasera sans doute quelques bestioles au passage, mais c'est un sacrifice qu'il faudra bien faire.

Je me lève, je frotte mon short pour essayer de détacher les feuilles humides qui y sont collées. J'ai faim, j'ai pris un coup de soleil dans la nuque qui commence à me picoter.

Demain, je mettrai mon plan à exécution. Il me reste encore du temps, rien ne presse.

Demain. J'ai tout prévu.

Je prends la petite par la main, et nous partons en courant et en criant vers la maison.

Avec vue sur la cour

De nos jours, le passage du printemps à l'été n'est plus vraiment marqué. En tout cas, Madeleine ne voit aucune différence. Elle sait que l'été est là quand les clameurs de la cour de récréation ne retentissent plus. Madeleine a encore l'ouïe très fine, mais sa mémoire ne l'est plus autant. Le rythme des enfants lui donne un solide repère tout au long de la semaine.

Le matin, les portes de l'école ouvrent. Il est temps pour Madeleine de renvoyer au néant les émissions ineptes et de faire ses ablutions. Elle a toujours été une grosse dormeuse, et ses quatre-vingt-deux printemps n'y changent rien. Elle a du mal à sortir de son lit, comme une jeunette qui a fait la fête. Pourtant, elle ne se couche pas très tard, au pire à 22 h 30. Il est bien rare qu'elle arrive à voir un film en une seule fois. Quand elle sent que sa tête cherche à se laisser aller à la gravité, elle appuie sur la télécommande du magnétoscope pour enregistrer la fin. La technologie moderne a du bon parfois pour les vieilles rosses comme elle.

Un peu plus tard, c'est la récréation du matin. Elle s'arrache à regret à ses rêveries et s'occupe des chats. La litière doit être changée tous les jours. Pensez ! Trois chats dans un si petit appartement ! Madeleine a sa fierté, elle n'a pas envie qu'on se moque d'elle dans son dos, qu'on l'appelle « la vioque aux chats », comme cette pauvre femme dans son enfance qui traînait constamment un fumet de pisse de chat derrière elle. Alors Madeleine prend bien garde que le bac de ses chéris soit impeccable. Elle chantonne en même temps qu'elle tend l'oreille pour saisir les cris joyeux des petits, insouciants encore pour la plupart.

À 11 h 30, c'est la sortie des enfants. Elle se souvient qu'elle doit se faire à manger. Certains jours, elle n'en a pas le courage, et reste le ventre creux. Elle en ressent toujours un vague sentiment de culpabilité, comme si c'était un peu indécent de faire exprès de s'affamer quand tant de gens meurent de faim. Et si sa pauvre mère la voyait, après toutes les luttes menées pendant l'occupation pour mettre un petit quelque chose dans chaque assiette, à chaque repas, elle se retournerait dans sa tombe. Madeleine le sait, mais c'est juste trop difficile de se lever et d'aller jusqu'à sa minuscule cuisine.

En début d'après-midi, les enfants reviennent à l'école en piaillant. C'est le signal de la sieste pour Madeleine. Elle se ment à elle-même en n'allant pas se coucher dans son lit. Elle reste assise dans son vieux fauteuil près de la fenêtre, un livre ou un magazine sur les genoux. Elle laisse son regard s'élever au-dessus des toits, scrutant les nuages comme lorsqu'elle était petite, à chercher des formes drôles ou incongrues. Et, bien évidemment, en une dizaine de minutes, elle dort profondément. L'air de rien, ses chats investissent le fauteuil, à pattes de velours, pour ne pas la déranger. Grisette sur l'accoudoir de gauche, Marlou sur celui de droite, Rouquette sur ses genoux dès que le livre a glissé à terre. Invariablement, ses articulations sont douloureuses au réveil.

La récréation de l'après-midi la sort peu à peu de sa torpeur, elle essuie le léger filet de bave qui a coulé de ses lèvres entrouvertes et se sert un verre de lait. Elle le savoure en écoutant les rires. Elle met un point d'honneur à avoir bu son lait et versé une lichette à chacun des chats avant la fin de la récréation. Comme ça, elle est sûre d'avoir ensuite le temps de faire sa vaisselle, de ranger ce qui a besoin d'être rangé, de s'habiller, de passer au pain, et d'être sur le banc en face de l'école à temps pour la sonnerie de 16 h 30. Elle regarde chaque jour le flot babillant des enfants qui surgissent du portail. Ils gambadent, se poursuivent, sautent dans les flaques, s'échangent les goûters sous l'œil indulgent ou agacé de leurs mères. D'énormes pains au chocolat disparaissent dans des bouches goulues, tandis que des petiots en poussette piaillent pour en sortir et se mêler au charivari général.

Les rares fois où sa fille daigne venir la voir, elle houspille Madeleine à propos de ce qu'elle appelle « son obsession malsaine pour cette école ». Françoise croit qu'elle est irresponsable de passer autant de temps assise près de sa fenêtre ouverte même au plus froid de l'hiver.

— Tu n'es pas raisonnable, maman, tu finiras par attraper la mort.

On ne peut pas attraper la mort à vivre ainsi au contact, même lointain, de tous ces petits. Ils sont la vie, ils palpitent et bruissent, ils lui donnent toutes les forces dont elle a besoin.

D'ailleurs, le mercredi, Madeleine se traîne, elle n'a envie de rien. Les week-ends sont un calvaire, et les vacances un cauchemar qui semble ne vouloir jamais se terminer. Madeleine écoute avidement les rires isolés qui fusent de temps à autre dans la rue. Mais c'est un peu comme offrir une goutte d'eau par jour à quelqu'un qui meurt de soif, la torture en est encore plus intense.

Et voilà qu'avant même qu'elle en prenne conscience, l'été est arrivé, une fois de plus. Les petites voix se sont tues, les chaussures ne claquent plus devant le portail, et les journées de Madeleine se sont soudain trouvées privées de toute forme de repère. Et les jours trop longs ne font rien pour arranger les choses. Le soleil la réveille trop tôt. Il fait chaud, trop chaud, dès le lever du jour. Les chats sont grognons. Ils cherchent en vain de la fraîcheur dans l'atmosphère étouffante de l'appartement. Ils boudent leur gamelle.

Madeleine arrive à peu près à garder un semblant de contact avec le calendrier grâce à la télévision. Mais un jour suffocant, à la fin de juillet, cette chipie de Rouquette expédie la télécommande sous le buffet d'un coup de patte nonchalant. Pas question pour Madeleine de se mettre à quatre pattes pour aller la rechercher, son dos lui joue souvent des tours, et elle pourrait ne pas réussir à se relever.

Tant pis ! Il lui faudra se passer de changer de chaîne. Quoi qu'il en soit, les émissions se valent toutes à ses yeux, la télévision ne lui sert que de fond sonore, elle préfère lire.

Françoise est partie en vacances, dans un lieu au nom imprononçable, quelque part en Croatie.

Il paraît que c'est du dernier chic la Croatie. Elle ne lui a pas donné le numéro de téléphone de l'endroit où elle se rend. Elle a argué que la manipulation pour avoir l'étranger serait trop compliquée pour elle, que ce serait peine perdue. Madeleine pense plutôt qu'elle n'a pas envie d'être dérangée pour pas grand-chose. L'été dernier, Madeleine a eu une grosse frayeur, a cru sa dernière heure arrivée. Elle a trébuché sur Grisette, couchée au milieu du couloir sombre. Elle ne parvenait pas à se relever, et a rampé précautionneusement jusqu'au petit guéridon. En tirant doucement sur le fil, elle a réussi à faire tomber le téléphone sur ses genoux, et à appeler Françoise à l'hôtel de la Côte d'Azur où elle était en vacances. Madeleine reconnaît volontiers que c'était un réflexe idiot. Françoise lui a envoyé les pompiers qui l'ont conduite à l'hôpital. C'est ce qu'elle aurait dû faire dès le début, mais sa jambe lui faisait si mal ! Elle avait cru s'être brisé le col du fémur, et on sait bien que passé un certain âge, ce sont des choses dont on se remet rarement. Elle avait paniqué, voilà tout. Quand on est petit, on se tourne toujours vers ses parents, et quand on est vieux, vers ses enfants. C'est la réalité, on n'y peut rien. Même quand elle fait des cauchemars, elle se réveille en murmurant

« Françoise, Françoise ». Ce n'est pas que la gueuse attire une quelconque affection. Elle est hautaine, distante, soucieuse de « préserver sa vie privée » comme elle dit. Cela justifie donc les innombrables dimanches en solitaire de Madeleine, ses étés à suer à grosses gouttes dans son appartement pendant que sa fille folâtre dans toute l'Europe, cet abandon douloureux de chaque jour ?

Malgré cela, Madeleine aimerait l'appeler, là, maintenant, elle se sent un peu plus oppressée chaque jour. La fenêtre du salon est ouverte en permanence, celle de la chambre est à l'espagnolette, pour permettre à l'air de circuler. Mais c'est un air lourd, gras des fumées d'échappement qui envahit l'appartement, n'offrant aucun répit, aucun soulagement.

Avant de partir en vacances, Françoise lui a amené de grosses bonbonnes de cinq litres d'eau que l'on pose à plat. Il lui suffit de tourner un petit robinet et l'eau coule dans son verre. Il y a six bonbonnes. Françoise, pour s'assécher la conscience de tout risque de culpabilité, en a disposé trois sur le buffet (non sans avoir fait la moue en déplaçant les santons poussiéreux qui s'y trouvaient) et trois par terre à côté. Madeleine reconnaît en son for intérieur que l'idée était assez fameuse. Elle peut boire à satiété sans avoir à bouger, l'eau est tiédasse les premiers jours, et carrément chaude ces derniers temps, mais cela reste de l'eau, et c'est bien tout ce qui compte.

Madeleine a mal à la tête tout le jour, son pauvre crâne est écrasé par la fournaise d'août, elle peine à respirer et remue le moins possible. Il lui faut attendre les petites heures de la nuit pour réussir à grignoter quelques biscuits et se sentir un tant soit peu alerte. Les quelques heures où la fraîcheur règne sont une bénédiction. Elle s'arrache à sa léthargie et s'occupe des chats, de sa toilette, change son petit linge, se coiffe. Mais le sommeil la déserte chaque jour un peu plus, et l'insomnie gagne quelques minutes de-ci de-là, à tel point qu'elle finit par ne plus trop bien pouvoir distinguer la frontière entre veille et sommeil, entre réalité et rêves. L'appartement devient une étuve nauséabonde où domine la puanteur piquante de l'urine de chat. De temps à autre, Madeleine se dit qu'il va falloir s'occuper du bac, que la fournaise qui prévaut dehors intensifie les odeurs. Elle ne saurait dire si cela fait un jour ou une semaine qu'elle tergiverse sur cette question. Les chats n'ont pas l'air plus dérangés que ça, c'est l'essentiel.

Elle entend vaguement parler de l'exceptionnelle canicule aux informations du soir, les rares fois où elle tend l'oreille. Dans la journée, l'air plombé est immobile, et les sons portent loin dans la ville désertée. Elle discerne parfois les clapotis rieurs des enfants à la piscine municipale. Elle passe sa langue sur ses lèvres desséchées et croit sentir le goût du chlore. Madeleine a appris à nager à presque soixante ans, grâce au club du troisième âge. Elle avait très peur, mais a fini par dompter ses angoisses et savourer la joie de barboter dans l'eau.

Depuis, faute de subventions, l'association a fermé ses portes, et Madeleine a dû apprivoiser la solitude et le désœuvrement. À force de rêvasser et de se focaliser sur ses souvenirs de piscine, elle s'est oubliée. L'odeur forte qui monte de son fauteuil ne peut être ignorée. La honte met du rose sur ses pommettes fripées, mais pas suffisamment pour qu'elle trouve le courage de se lever tout de suite, tout de suite. Encore un petit peu. Elle rassemble ses forces. En vain. Elle se dégoûte elle-même, pire que les foldingues de l'hospice !

Elle voudrait boire un peu d'eau pour essayer de dissiper la chape de chaleur qui la cloue à son siège, mais les bonbonnes sont à sec. Et où trouver la force d'en soulever une autre, elles sont si lourdes. Finalement, Françoise aurait mieux fait de lui apporter des bouteilles normales, au poids acceptable !

La tête de Madeleine tombe sur le côté, elle sent ses entrailles se vider paresseusement, et ne peut rien y faire, ses sphincters ne lui obéissent plus. Les trois chats sont devant elle, ils ont quitté le fauteuil, incommodés par l'odeur forte qui ajoute encore à l'atmosphère irrespirable. C'est un peu l'hôpital qui se moque de la charité ! Les trois coquins ne font pas autant les délicats quand il s'agit de leurs propres déjections !

Mais pourquoi la regardent-ils de cet air inquiet, leurs prunelles dilatées ?

Derrière eux, au milieu des particules de poussière en suspension dans les rayons enflammés qui entrent à flots par la fenêtre, elle voit Françoise qui court vers elle, ses nattes qui tressautent dans tous les sens. Madeleine tend les bras, mais rien à faire, elle n'arrive pas à la toucher, à s'en approcher.

Les bras retombent sur le fauteuil, et une larme minuscule glisse et rebondit sur les aspérités du vieux visage presque momifié. Grisette miaule d'une pauvre voix plaintive.

Et le temps passe, un orage vient et s'en va, sans amener réellement de fraîcheur, uniquement de la moiteur.

L'appartement est silencieux, hormis le tic-tac joyeux de la pendule sur le buffet, et le bruissement de l'eau qui coule dans l'évier. L'idée est ingénieuse : un bol a été placé dans le fond du bac, juste sous le robinet, mais sans boucher la bonde. Ainsi, il est toujours débordant d'eau fraîche, et les chats peuvent se désaltérer facilement.

Les gamelles sont vides depuis longtemps, mais les trois matous futés ont réussi à renverser le gros sac de croquettes. Il est encore à moitié plein, et, pour l'heure, les chats dorment paisiblement sur le couvre-lit de chenille orange. Depuis deux jours, ils ont renoncé à s'installer sur les genoux de leur maîtresse. Il reste quelques minutes avant que les pompiers, alertés par un voisin de retour d'Espagne, n'enfoncent la porte, et ne brisent la quiétude calme du minuscule deux-pièces.

Dans quelques jours, l'école reprendra. D'ailleurs, on distingue déjà les prémisses de la rentrée, quelques petiots qui gazouillent au square en courant après un cerf-volant. Madeleine sera au cœur des conversations quelques temps, mais pas trop. Chacun essayera d'étouffer la petite pointe de culpabilité dans son cœur. La boulangère, le gardien du square, l'épicier, les voisins, le gardien de l'immeuble, trop occupés à suer dans leur coin n'ont pas entendu Madeleine se fondre d'abandon et de solitude dans la touffeur estivale. Et puis, somme toute, c'était à sa fille de prendre soin d'elle, pas aux gens du quartier.

Le vent soufflera sur les cerfs-volants, indifférent.

3 juillet

Bon sang ! Depuis au moins un mois que j'en rêve de ces vacances, j'aurais pu dormir plus tard ! Tous les ans, au premier jour des vacances d'été, je m'offre une grasse matinée tellement longue qu'elle fusionne presque avec la sieste.

Mais cette année, me voilà comme une cruche, parfaitement réveillée. Je n'ai pas encore eu le courage d'affronter les diodes du réveil, de peur d'être effarée par ce que je vais y lire. Mais je sais bien qu'il doit être au maximum cinq heures. Le jour n'est pas levé, mais la luminosité de l'aube commence à apparaître discrètement au fond du ciel.

4 h 48.

Je sens que je ne me rendormirai pas, et j'enrage. J'ai soif. Je me décide à descendre boire un verre d'eau fraîche. Le chat sur le lit ouvre à peine un œil. Il me regarde d'un air de reproche de l'avoir dérangé, et s'assoupit aussitôt.

Il fait déjà chaud, je suis en sueur et le contact du carrelage frais sous mes pieds me fait légèrement frissonner. La bénédiction des vieilles maisons.

Je sors la bouteille du frigo et je me sers un verre. L'eau glacée descend dans ma gorge, sans réellement étancher ma soif.

La maison est silencieuse, les enfants dorment encore. Je regarde une goutte courir le long de la bouteille. On dirait une grosse larme froide qui roule.

Je soupire. J'ai fait ma fière toute la semaine, j'ai géré, j'ai dispensé mes conseils, j'ai résisté, j'ai tenu. C'est ce qu'on attendait, c'est ce qu'il fallait.

Hier, j'ai enterré un élève.

J'ouvre la porte qui donne sur le jardin, en faisant bien attention à ne pas faire le moindre bruit. Une petite brise timide m'accueille et caresse doucement mes joues. Une araignée industrieuse a profité du calme de la nuit pour tisser sa toile sur le chambranle. La toile vibre délicatement dans le vent, comme le corps d'une mère qui palpite. Je ne vois pas qu'un fil très fin traverse la porte, et je le brise en avançant, par inadvertance. C'est toute la toile qui s'effondre sur le côté. Je la regarde.

Le souvenir d'hier matin me revient, un souvenir tactile, celui de cette mère dans mes bras. En une semaine, cette belle femme rieuse et plantureuse a maigri de moitié. Je sens chacun de ses os au travers de ses vêtements. Elle n'est plus qu'une enveloppe presque translucide, inutile, abandonnée.

Je fais quelques pas dans le jardin, je recroqueville mes orteils pour saisir les gouttes de rosée et les faire éclater contre la plante de mes pieds. Un hérisson pointe son nez à la base de la vigne vierge qui recouvre les murs de la cabane de jardin. Je reste immobile, pour ne pas l'effrayer. Mais il doit malgré tout deviner ma présence et rentre vite dans son abri. Je l'entends qui gratte et farfouille.

Les premiers pépiements d'oiseaux retentissent. Je sais que l'aube est proche quand ils commencent à faire ces petits bruits de gorge. Ils accueillent cette nouvelle journée qui s'annonce splendide. J'ai rempli de graines la maisonnette de bois à leur intention hier soir.

Je m'assieds par terre dans l'allée, et je laisse la nature me parler. Je regarde les roses qui s'ouvrent et d'où s'échappe une odeur enivrante. J'écoute les mille bruits des insectes et des petits animaux. C'est drôle comme ce matin mes sens semblent amplifiés. Je saisis le moindre mouvement, le moindre bruissement.

Une musaraigne file entre les rangs de radis. Je souris en pensant qu'elle fait bien d'en profiter pendant que ce gros fainéant de chat est à l'étage. Si jamais elle croise son chemin, il en fera son affaire vite fait. Il jouera un long moment avec elle, avant de l'achever d'un coup de patte, et de déposer le cadavre encore chaud devant mon lit.

Deux pies qui se mettent à jacasser me font sursauter. Elles sont perchées dans le prunier et discutent très fort. Elles sont grassouillettes, les bougresses. On a beau être en pleine ville, de toute évidence elles savent où trouver de quoi manger en abondance.

Un papillon écru me frôle avant d'atterrir sur une tulipe presque desséchée, dernier vestige des bulbes printaniers.

L'église débordait de fleurs hier, des fleurs blanches, par dizaines. Mais là où celles de mon jardin célèbrent la vie dans toute leur exubérance joyeuse, le parfum de celles d'hier était suffocant, envahissant. Cette grande quantité de fleurs dans un espace restreint, c'était écœurant. Une église plutôt récente, dont les murs peu épais laissaient passer la chaleur. À la fin de la messe, elles n'exhalaient plus qu'une odeur étrange, évoquant vaguement la putréfaction de la végétation dans la jungle.

Je regarde ce jardin qui déborde de couleurs, de beauté. Les enfants ne devraient avoir le droit de mourir qu'au plus sombre de l'hiver, quand le froid anesthésie les sens et glace les larmes sur les joues, avant qu'elles n'aient eu le temps d'atteindre le menton, quand le bruit des sanglots est emporté au loin par les bourrasques d'un vent rigoureux. Il y a quelque chose d'indécent à mettre sous terre un petit corps, quand toute la nature est ivre de la joie de sa renaissance, comme une femme de mauvaise vie qui exhiberait sa gorge généreuse au nez des passants, et qui rirait d'un rire sensuel, tête en arrière.

Hier, j'ai prononcé l'oraison funèbre de cet enfant. Je ne sais plus ce que j'ai dit, je suis passée en pilote automatique. C'était dur. Chaque cellule de mon corps protestait, refusant de monter sur l'estrade, refusant de s'approcher du pupitre et du micro. Mais comment dire non à cette maman, si ce simple effort pouvait alléger un tout petit peu sa peine ? Si ne serait-ce qu'un infime morceau de chagrin pouvait disparaître, alors, oui, il fallait le faire. J'ai forcé mes jambes si lourdes à avancer, mon regard s'est verrouillé au sien, et j'ai parlé. J'ai tenté de lui faire passer de ma force.

Je caresse les feuilles soyeuses des framboisiers, je vois de mieux en mieux. Le lever du soleil est maintenant très proche.

Aïe ! Je me suis piqué le doigt sur une épine. J'appuie dessus pour que perle le sang. Une goutte tombe sur ma cuisse, et je l'étale. Puis j'en fais couler une autre, et une autre. Je frotte le sang pour dessiner des continents inconnus sur ma peau, des endroits magnifiques où il fait bon vivre. Où les enfants ne meurent pas. Des mondes où les promesses d'un beau matin d'été sont tenues.

D'ordinaire, avec le temps, j'oublie la plupart de mes élèves, j'oublie le son de leur voix, j'oublie leur sourire, j'oublie. Mais là, la bouille rigolote de ce petit garçon est gravée dans ma chair à jamais.

Le sang prend une couleur de plus en plus foncée en séchant. On dirait le bois du cercueil. Autour de moi, il n'y a que le bruissement des ailes des oiseaux, le souffle léger de tous les insectes qui s'agitent en tous sens et s'affairent à célébrer l'arrivée de l'été. Ces mêmes insectes qui, bientôt, rongeront millimètre par millimètre un cercueil désespérément petit.

Je ne supporte pas sa vue, et je gratte furieusement du bout de l'index, pour en faire disparaître toute trace sur ma cuisse. La peau rougit sous les assauts féroces de mon ongle. Le sang n'est plus là, le cercueil est dans la terre. Ne reste que la douleur laissée par l'absence.

J'ai serré cette mère dans mes bras quand elle s'est jetée dedans en hurlant que son petit ne reviendrait plus dans mon école. J'ai vu l'abîme de chagrin dans ses yeux. Je continue de gratter ma peau, même si je sais bien que ça ne sert à rien. Rien ne redeviendra jamais vraiment comme avant. Je réfléchis un bon moment au paradoxe de ce sang qui en coulant aujourd'hui prouve que je suis bien vivante, bouillonnante d'énergie.

Le chat se décide enfin à sortir, et il s'étire longuement en bâillant au milieu de l'allée. Le murmure tranquille de la ville qui s'éveille berce mes pensées. Les premières voitures se font entendre sur le boulevard. C'est samedi, c'est forcément plus calme. Peu à peu, les gens vont émerger de leur sommeil et reprendre le cours de leur vie exactement là où ils en étaient avant de fermer les yeux. Pour la plupart, nulle mauvaise nouvelle ne viendra gâcher leur journée. Ils aimeront, souriront, riront, tant mieux.

Je m'approche des tomates. Elles sont encore vertes pour la plupart. Rondes, parfaites, elles ne vont pas tarder à donner leur saveur pour le plus grand bonheur de mes enfants. Je casse une feuille et je hume à pleines narines l'odeur si caractéristique, alors que le chat se frotte contre mes jambes.

— Eh, dis donc toi ! Fiche-moi la paix !

Le soleil vient d'apparaître et le premier rayon se pose sur mon bras, faisant briller les poils. Je sens tout de suite sa chaleur.

Le chat insiste. Maintenant qu'il est bien éveillé, il veut sa pitance. Il miaule piteusement, espérant m'attendrir.

Mais je n'ai pas envie de rentrer. Je suis bien, dans ce jardin. Les fourmis escaladent mes pieds, certaines me chatouillent et d'autres me piquent.

Le soleil se met à jouer avec les ombres, créant l'illusion d'un visage souriant qui apparaît et disparaît entre les branches du lilas, au gré de la brise.

J'en ai passé du temps à m'occuper de tout ça. J'ai parlé avec la mère, avec le père. J'ai parlé avec les autres parents traumatisés. J'ai écouté les enfants. J'ai soutenu les collègues, j'ai sorti des kleenex. Des flots et des flots de ténèbres qui ont envahi l'école pendant toute une semaine. Des mots, tant de mots.

J'ai été forte, parce qu'il n'y avait pas d'autre choix, parce qu'il n'y avait personne pour emplir la béance laissée par le choc. Mais qui est fort pour ceux qui sont forts ?

Allons, il est temps. Il fait grand jour maintenant. Les enfants ne vont pas tarder à se lever, et je vais voir arriver leurs frimousses aux yeux encore gonflés de sommeil. J'ai une soudaine envie de les serrer dans mes bras, de les embrasser, de les toucher, de sentir contre moi la chaleur de leurs petits corps.

Comme on voudrait pouvoir toujours les protéger, les empêcher de souffrir !

Je vais leur sourire, leur préparer leur petit-déjeuner. Et les vacances vont pouvoir commencer. Je vais essayer de ne pas leur montrer qu'à chaque instant dorénavant, un petit morceau de moi restera avec cette femme et sa peine.

Sur le pas de la porte, je me retourne et je jette un dernier regard au jardin.

Bleu marin

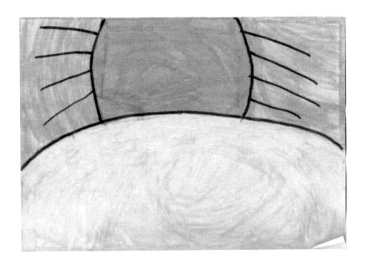

Je ne sais pas de quand exactement date l'obsession de maman pour le bleu, j'étais trop petite. Ou peut-être même pas encore née.

Mes premiers vrais souvenirs, ceux que je sais être miens, remontent à l'été de mes quatre ans. Pour la première fois, toute la famille était partie en vacances dans une grande maison au bord de la mer. C'était en Bretagne, une année de soleil et de sécheresse. Je me souviens de la contrariété de maman quand elle s'était aperçue que les draps fournis par le propriétaire étaient d'un blanc éclatant désespérément uni. La bâtisse comportait six chambres, chaque enfant avait la sienne, le bébé dormant avec mes parents. C'était un luxe inouï pour nous qui étions habitués au petit trois-pièces étouffant de la porte de Clignancourt. Pourtant, elles étaient chichement meublées. Mais tout cet espace vide était nouveau pour nous. Nous n'en finissions pas de savourer cette solitude inaccoutumée. Et les couleurs ! Les courtepointes bariolées, les tapis à motifs et la gaieté des papiers peints nous fascinaient. Même l'attrait de la plage ne nous arrachait que difficilement à notre chambre.

Mais quand même, chaque matin nous partions : le père devant, comme il se doit, suivi des cinq petits et de la mère poussant la voiture d'enfant dans laquelle dormait ma sœur. Nous devions avoir une drôle d'allure, croulant sous les seaux, les pelles et les parasols, bleus bien sûr, et uniformément vêtus de bleu, enfants comme adultes. À Saint-Ouen, les passants interloqués pouvaient encore se dire que nous étions des écoliers en uniforme, mais pas au bord de la mer ! Pour la première fois, je pris conscience de notre différence.

Je me souviens de la caresse du soleil qui se fait morsure lors des interminables parties de bataille avec mes deux frères, après le déjeuner. Maman refusait que nous allions nous baigner avant quinze heures, pour ne pas gâcher notre digestion. Et mes sœurs aînées ayant décrété être bien trop âgées pour ces jeux de gamins, c'est moi qui servais de cobaye à mes frères, qui profitaient de mon demi-sommeil pour tricher de façon éhontée, abusant de mon jeune âge. J'étais allongée à moitié sur la mosaïque de la table de jardin, et me contentais de jeter mécaniquement une carte après l'autre en rêvassant. Après deux ou trois parties, le motif de la table était incrusté dans ma joue, pour la plus grande joie de mes frères qui se moquaient bruyamment. Je m'assoupissais parfois, discrètement, pour être éveillée en sursaut par leurs piaillements.

— Bataille d'as ! exultaient-ils.

Pour ses premières vacances, maman semblait encore plus râleuse que d'ordinaire, elle bougonnait sans cesse que nous allions attraper un chaud et froid à courir tout nus dans le jardin, que les tomates n'étaient pas assez fraîches, que la mer était trop salée, que mes sœurs étaient trop décolletées. Mais moi je savais bien à quel point elle était heureuse d'être là, et combien notre plaisir la contentait. Il suffisait de la voir aligner le linge mouillé sur le fil pour prendre la mesure de son amour de mère. Elle manipulait chacun de nos vêtements avec délicatesse, faisant bien correspondre les coutures pour ne rien déformer, avant de les fixer doucement sur le fil. Ses sourcils étaient froncés tant sa concentration était grande. Rien ni personne n'aurait pu la détourner de cette tâche si simple, et pourtant si essentielle. Et dès que le vent marin avait séché toute la rangée, elle pliait, dépliait et repliait jusqu'à ce que tout soit exactement comme elle le souhaitait. Puis elle pendait le reste du linge, et s'accordait alors un instant de détente, à fumer sa seule cigarette de la journée. Je me glissais à ses côtés et posais ma tête sur sa cuisse, abandonnant mes frères pour un moment. Maman me souriait, avec cette expression secrète qu'elle savait si bien prendre quand nous étions toutes les deux.

Si les couleurs ont une odeur, le bleu a certainement celle-là. L'odeur mêlée des cigarettes américaines de ma mère et de son parfum piquant, qu'elle achetait pour rien au marché aux puces. Des restes de lessive flottaient dans l'air, et l'herbe brûlée rajoutait sa senteur âcre. Je demeurais là, la joue collée sur le tissu bleu de sa robe, devinant les palpitations du sang s'écoulant dans ses jambes, à regarder tout ce linge bleu battre dans le vent. Entre deux mouvements des chemisettes, je distinguais au loin les reflets de la mer et le ciel éclatant. Je caressais sa cuisse de petits gestes circulaires hypnotiques. Souvent, je m'endormais, continuant à naviguer dans un monde bleuté, jusqu'à ce qu'un de mes frères me réveille d'une bourrade pour me traîner au soleil et jouer à nouveau aux cartes.

Chacun de nous s'était forgé sa propre légende sur l'origine de la manie bizarre de maman. Une fois adultes, nous avons un jour comparé nos versions, et pas une ne ressemblait à l'autre !

Ma sœur aînée pensait que l'obsession de maman venait d'un accident qu'avait eu François, le troisième de la famille. Il avait à peine deux ans et s'était échappé de l'appartement sans que personne le remarque. Il déambulait sur ses pattes rondes de bébé poussé trop vite quand une mobylette l'avait renversé. Les passants accourus l'avaient reconnu et l'avaient porté sans tarder jusqu'à la maison, suivis du motocycliste terrifié. Plus de peur que de mal, mais maman avait alors commencé à habiller tout le monde de bleu, en réaction, comme pour nous placer sous la protection d'un mystérieux ange gardien.

Un peu trop évident et hollywoodien à mon goût. Ma sœur n'en a jamais démordu, mais, pour ma part, j'ai toujours pensé que maman était plus complexe que ça.

Selon un de mes frères, c'est un des contremaîtres de l'usine de papa qui lui aurait dit un jour que le bleu lui allait à ravir.

François, lui, a longtemps pensé que maman avait honte de son ventre trop souvent arrondi, et des robes de grossesse bleues qu'elle devait alors porter, chaque fois les mêmes. Elle aurait pu décider de cacher cette honte en nous mettant tous au diapason.

Malgré nos supplications, papa n'a jamais voulu nous dire quoi que ce soit, déclarant que c'était à elle de nous en parler. Mais nous n'avons jamais trouvé le courage de lui poser la question, même indirectement. Régulièrement, au cours de notre enfance, nous nous mîmes en tête de savoir la vérité. L'un de nous était désigné aux dés, et devait alors poser LA question. Et tout aussi régulièrement, il flanchait au dernier moment sous le regard implacable de maman, et battait en retraite précipitamment, devant supporter plusieurs jours durant les quolibets des cinq autres. J'y ai eu droit plus d'une fois, et je sens encore le rouge me monter aux joues, les mots bloqués dans ma gorge. Elle me fixait d'un air narquois, attendant que je me décide, ne faisant rien pour m'aider. Je suis certaine qu'elle savait ce que nous voulions lui dire, qu'elle devinait quand une explication allait lui être demandée.

Aujourd'hui, je crois que tout ça était lié à l'époque. En tant que mère de six beaux enfants en pleine santé, et femme d'un ouvrier sérieux qui ne buvait pas sa paye, maman ne pouvait que se dire heureuse et comblée. La seule climatisation à notre disposition était l'essoreuse à salade qu'elle descendait agiter vigoureusement sur le trottoir les soirs d'été. Nous nous mettions dessous pour recevoir les fines gouttelettes, en piaillant de ravissement.

L'existence de mère de famille nombreuse était sans doute loin d'être simple pour elle. Mais nous, les enfants, forts de l'amour qu'elle nous portait, ne nous posions pas de questions. Maman devait probablement souffrir d'une forme de dépression nerveuse, qu'elle cachait sous cette obsession azurée. De nos jours, elle errerait dans la vie, bourrée de calmants, rencontrant un psychiatre deux fois par semaine. Ou noyant son mal-être dans l'alcool. On diagnostiquerait une maladie mentale quelconque, sans aucune poésie ni tendresse.

Alors qu'elle a fait de nous une légende vivante dans le quartier. Il fallait voir l'air ahuri des gens qui entraient chez nous pour la première fois ! Bleu, bleu, bleu. Bleus les murs, bleue la vaisselle, bleu le linge. Et les seuls éléments de décoration étaient des aquarelles marines que ma mère peignait quand nos moyens lui permettaient l'achat du matériel. Tout ce bleu donnait une sensation de vide à ceux qui n'étaient pas habitués, comme une impression de tomber. Une sorte de retour à l'état fœtal. D'ailleurs, il leur fallait s'asseoir un moment avant de pouvoir parler. Les jours où nous étions à la maison, et qu'on sonnait à la porte, nous adorions nous poster face à l'entrée de la salle à manger pour observer l'employé du gaz, de la mairie, ou le collègue de papa qui venait d'arriver. Nous étions alors agités de rires silencieux devant le spectacle de leur désarroi. Nous nous savions différents des autres familles, mais sans comprendre pourquoi.

Pour autant, même si les gens devaient s'interroger, personne n'aurait osé en parler - en bien ou en mal - à portée de voix de maman.

Cet été-là, j'ai pris la pleine mesure du féroce attachement maternel. Nous n'avions pas beaucoup d'argent, et nos tenues légères nous avaient été données par des bonnes œuvres. Maman avait tout teint en bleu, comme à son habitude. Mais la teinture, de mauvaise qualité, déteignait sur nos corps au moindre signe de transpiration. En quelques jours de vacances, nous étions tous recouverts de traînées bleuâtres qui nous conféraient un air de fantômes comiques. À tous ceux qui nous dévisageaient en se permettant ne serait-ce que l'ombre d'un sourire, elle opposait son regard inflexible, attendant que l'intrus détourne le sien. Et personne n'a jamais osé dire un mot contre nous. Ce qui était vraiment un exploit, étant donné l'allure que nous devions avoir ! Ma sœur Dominique, dont les cheveux refusaient toute discipline, devait porter des bandeaux de tissu pour les tenir. Les coulées de sueur formaient des rigoles indélébiles sur son visage, et elle avait l'air bizarre.

J'ai grandi en étant persuadée que même les larmes de maman devaient être bleues.

Azur, cyan, marine, roy, ciel, nuit, turquoise... Je connais toutes les teintes de bleu qui existent.

Sur la plage, nous étions amenés à côtoyer des familles chic, impeccables. Les mères aux ongles faits s'abritaient du soleil sous de larges chapeaux et papotaient en surveillant distraitement leur sage progéniture, blonde et parfaite. Maman cachait ses mains abîmées par les lessives en les enfouissant dans le sable. Alors que je les trouvais si belles, ces mains, promptes à punir comme à caresser. Crevassées et pourtant si douces. Et teintées de bleu.

Mais il faut croire que cela ne nous a pas si mal réussi, et qu'à sa façon ma mère a gagné son pari de nous protéger à jamais. Nous n'avons jusqu'à présent connu aucun des malheurs qui affligent généralement les familles. Pas de décès brusque, pas de cancers, pas d'enfant malformé ou mort-né, pas de divorce, pas d'alcoolisme... Mes parents sont morts tous les deux paisiblement dans leur sommeil, le sourire aux lèvres. Dominique prétend qu'ils savouraient l'idée de nous laisser sur notre faim, que cela les faisait rire que jamais nous ne sachions.

Et nous avons perpétué la tradition, moitié par habitude, moitié par tendre respect. Pas un de mes frères et sœurs qui sorte de chez lui sans emporter quelque chose de bleu sur lui. Un mouchoir, un colifichet, un foulard, n'importe quoi de bleu pour conjurer le mauvais sort, et continuer à vivre en justifiant les errements de ma mère. Et tous nos enfants ont suivi le mouvement, naturellement, sous l'œil bienveillant de nos conjoints.

À l'instar de ces saints du Moyen-Âge autour de qui des légendes superbes se sont créées au fil des siècles, et dont on a occulté l'humanité toute simple pour en faire des symboles, maman a su se transformer en icône, entraînant toute la famille dans son sillage. Nous avons tricoté autour de sa personnalité une trame serrée, mêlant nos souvenirs, notre amour et notre fierté d'être ses enfants, oublieux de la vérité. Finalement, sans doute valait-il mieux que nous ignorions la cause exacte de son idée fixe. L'origine effective des légendes est trop souvent décevante après tout, et n'apporte de satisfaction réelle qu'aux historiens.

Aujourd'hui, je suis bien vieille, et, ce matin, je sortais de la cuisine quand j'ai vu ma petite-fille pénétrer dans l'appartement, alors qu'elle aurait déjà dû être à mi-chemin du lycée. Elle s'est approchée du guéridon de l'entrée et a saisi un petit bout de tissu bleu pâle que je n'avais jamais vu auparavant. Elle l'a glissé dans sa poche en poussant un soupir de soulagement.

Maman a gagné sa part d'éternité, et je souris bêtement en regardant le ciel.

Car

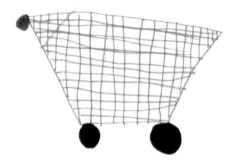

Le magasin vient tout juste d'ouvrir ses portes, et déjà la foule habituelle des retraités s'engouffre dans les rayons. Je jette un regard sur la rangée de caisses. Toutes mes collègues sont comme moi, prêtes, l'œil vif et l'uniforme pimpant. Forcément.

Aux tous débuts, je ne comprenais pas pourquoi ces gens se massaient comme ça devant les grilles pour se ruer sitôt qu'ils étaient levés. Après tout, ils ne travaillent plus, ils ont toute la journée pour faire leurs courses. Mais j'ai sympathisé avec une petite mamie qui m'a expliqué. Elle s'appelle Louise, un prénom assez bizarre, mais très à la mode dans le temps. Elle est très bavarde, et adore rester un moment à discuter après que le laser ait fini de scanner sa puce humérale. C'est toujours un peu plus long avec les vieux, à cause de l'ostéoporose qui empêche souvent le signal de fonctionner correctement. Alors, pendant que la machine trime pour prélever la somme due, nous causons.

Louise dit que les vieilles personnes perdent le sommeil peu à peu, et se lèvent très tôt. Du coup, quand arrive l'heure d'ouverture des magasins, ils sont prêts. Ils font leurs courses et se précipitent chez eux pour ne pas rater leurs émissions favorites. Ils pourraient se contenter de faire comme tout le monde, et planifier le début des programmes à leur convenance, mais Louise affirme que les habitudes ont la vie dure, et que toutes ces nouveautés paniquent trop les vieux.

D'ailleurs, il paraît que le nombre de personnes ayant connu l'ancien fonctionnement diminue de jour en jour, et que bientôt il n'en restera plus un.

— Tu sais, ma petite Car (c'est mon nom), je fais partie des dinosaures. Les implants et tous leurs trucs de charlatans me permettent de me déplacer et d'être à peu près opérationnelle, mais ça ne m'empêchera pas de mourir !

Je ne voudrais pas que Louise meure, c'est ma seule amie. Mes collègues sont toutes des espèces d'idiotes uniquement préoccupées de vérifier qu'il ne manque aucun bouton à leur uniforme, et que les problèmes de puces de paiement soient résolus en un temps record. Elles se contrefichent de savoir comment c'était avant.

Moi, je trouve ça fascinant.

Quand Louise était enfant, les gens allaient en courses avec des caddies à roulettes, qu'ils poussaient eux-mêmes dans les rayons, et devaient les remplir en se débrouillant tous seuls. Ensuite, ils payaient avec des moyens externes et allaient tout transférer dans le coffre de leur voiture. Ça devait être exténuant, je pense. Les pauvres.

Le nouveau système me paraît bien plus aisé, mais je ne le dis pas, car cela ferait de la peine à Louise. Elle vitupère souvent, trouve que faire ses courses en demandant ce que l'on veut à un robot n'a pas la même saveur. Elle raconte qu'elle aimait bien regarder sa maman hésiter entre plusieurs marques de petits pois, ou faire apparaître ses mollets gracieux en se hissant sur la pointe des pieds pour attraper un pot de confiture tout en haut du rayon. Je comprends que ça lui fasse drôle de circuler dans les voitures holographiques et laisser les robots tout faire pour elle. Il paraît même que dans les grandes villes, les rayons disparaissent des magasins. Ils construisent de gigantesques entrepôts, et les gens font la queue devant des caisses avec leur liste. Les robots préparent la commande pendant que les clients payent, et c'est à la fois un gain de temps et de place. Les anciens magasins sont transformés en îlots d'habitations, qui permettent de résoudre les soucis de manque de logements. Louise pense que les magasins à l'ancienne mode, avec leurs rayons et leurs têtes de gondole, n'ont été jusqu'à présent conservés que pour ne pas trop bousculer les vieux schnocks comme elle. Je ne connaissais pas ce mot, mais je comprends assez bien ce qu'il signifie.

— Bientôt, tu verras, on n'aura même plus le besoin de se déplacer, les robots ou les caissières livreront tout. Et les petits vieux crèveront de solitude. Tu es la seule à qui je puisse encore parler, Car.

Je suis triste pour Louise, bien sûr, mais l'avenir qu'elle imagine me plaît bien, à moi.

Depuis l'instant où j'ai ouvert les yeux pour la première fois, je n'ai jamais rien connu d'autre que le magasin. La file de caisses à ma gauche et à ma droite, le rayon des lessives en face de moi. Et derrière moi, une librairie. Mais je ne le sais que parce que Louise me l'a décrit. Mes fonctions cervicales n'ont jamais été mises en route, je n'en ai pas besoin à ma caisse.

Il y a quelques semaines, une caissière a entendu deux commères discuter face au rayon charcuterie. Elles disaient qu'il était peut-être question de remplacer les robots qui parcourent le magasin par des biomachines comme nous. Apparemment, même les clients les plus jeunes ont du mal à s'habituer à l'allure assez austère des robots, et préféreraient avoir affaire à des androïdes plus agréables à regarder.

J'adorerais ça : avoir des jambes, marcher, toucher les produits, peut-être un jour caresser la joue d'un enfant qui pleure.

Ce n'est pas une espérance inaccessible. Tant que nos cartes mères sont en état de fonctionnement, la direction les garde pour les recycler sur de nouvelles enveloppes. Si je prends bien garde à ne pas m'abîmer, je verrai éventuellement le jour où un technicien viendra me détacher de ma caisse pour me déposer à l'atelier. Et j'en ressortirai avec deux jambes qui m'emmèneront partout. Je visiterai chaque recoin du magasin en souriant aux clients. J'espère avoir d'aussi jolies jambes que la maman de Louise. On nous a toutes fabriquées avec de gentils minois, tous différents, et des poitrines avantageuses. Il n'est donc pas exagérément optimiste de penser qu'on nous fera le bas du corps aussi charmant.

Chaque soir, le magasin ferme, et les grilles redescendent. Toutes les lumières s'éteignent, et nous restons là, à attendre patiemment le matin, silencieuses. Le ronronnement doux des moteurs des robots de nettoyage berce nos rêves.

Depuis que Louise a évoqué la possibilité de grands changements, je passe mes nuits avec l'espérance de sortir un jour du magasin. Sentir la caresse du soleil sur ma peau, et voir toutes ces choses que Louise m'a décrites.

J'ai beau n'être qu'une créature d'épiderme et de circuits imprimés, j'ai le même droit que tout autre de connaître le monde.

Du moins, je le crois.

Je reste vissée à ma chaise, le regard planté dans l'obscurité, et j'attends gentiment que quelque chose change enfin.

Le fils de madame Kassim

Elle parcourut péniblement les quelques mètres qui la séparaient encore du rivage. Elle s'arrêta quand les vagues les plus hardies commencèrent à lécher ses pieds. L'eau traversait ses collants, et ses orteils se recroquevillaient, protestant contre le froid. Elle laissa choir ses chaussures sur le sable glacé. Chaque mois, elle venait là, guettant l'horizon, depuis vingt ans. Elle bougonna intérieurement. Le vent soufflait fort aujourd'hui, et elle était transie. Il lui faudrait au moins deux petits verres de vin chaud à la cannelle pour se réchauffer, avant de tomber dans un sommeil d'ivrogne sur son fauteuil. Elle n'avait jamais bien tenu l'alcool.

Et demain, elle reprendrait sa vie. Trente jours de routine bien réglée avant la prochaine visite sur la plage. Peut-être que le mois prochain…

Plus les années passaient, et moins elle en faisait chaque jour. Il y a dix ans à peine, elle trottait joyeusement jusqu'à la boulangerie chaque matin chercher son pain frais pour la journée. Mais maintenant, il lui fallait au moins vingt minutes pour s'y rendre petit pas après petit pas, tremblant de peur au carrefour. Étourdie des bruits de la ville, elle ne savait plus voir le danger : motos, adolescents en patins à roulettes, même des adultes en costume qui la frôlaient en trottinette ! Chaque geste de la vie quotidienne lui coûtait tant qu'elle avait dû faire des choix. Elle achetait une miche de pain pour sa semaine et tant pis si le dimanche elle était un peu dure ! Elle avait abandonné ses promenades quotidiennes au square, pour nourrir les canards du plan d'eau ; ne sortait plus que quand c'était nécessaire ; n'allait plus chez le coiffeur. À quoi bon ? Personne ne la regardait plus vraiment, personne ne lui souriait, ne lui parlait. Elle n'était plus qu'une vieille parmi d'autres, invisible aux yeux de tous, silencieuse et triste.

Elle avait pourtant été quelqu'un ! Une jolie pousse qui arpentait la ville sur sa bicyclette, saluée par les chapeaux des messieurs, et suivie par les regards envieux des donzelles moins bien loties. Elle avait été courtisée par plusieurs jeunes hommes, certains de bonne famille. Même le fils du pharmacien avait eu le béguin pour elle. Quand elle l'avait repoussé, il s'était consolé en épousant une fille de Paris, jamais satisfaite, et qui l'avait rendu si malheureux qu'il avait fini par s'enfermer dans un mutisme complet, répondant par grognements aux clients de l'officine.

Elle avait choisi un petit bonhomme tout brun, de cheveux comme de peau, aux yeux de la couleur d'une mer d'orage. Un immigré de rien du tout, un « sale Arabe » comme ils disaient tous, un ouvrier du chantier naval. Et elle était devenue madame Kassim, la scandaleuse qui avait rejeté de bons Français pour épouser un moricaud. Elle n'avait jamais eu à le regretter, tant il était doux et attentionné. Il lui avait donné un fils superbe, avant de s'en aller, fauché à trente-cinq ans par la chute d'une poutrelle sur le chantier, laissant une femme dévorée par son trop-plein d'amour.

Et le temps avait passé, elle se débattait avec ses peurs. Elle ne savait plus apprécier les bonheurs simples de la vie : son fils Didier qui riait en sautant dans les flaques, la bonne odeur de la soupe, un coucher de soleil en été, le bruit apaisant des vagues. Elle craignait sans cesse le pire, le malheur, la maladie, et vivait chaque seconde comme si c'était la dernière, avec un acharnement féroce à ne plus ressentir de bien-être. Elle pensait toujours que Didier lui serait retiré, qu'il se ferait mal, qu'on le blesserait. Et elle l'avait étouffé peu à peu, aussi sûrement que si elle l'avait enfermé à double tour dans une vieille cave humide et sombre. Elle avait tué en lui le rire, la spontanéité et l'audace, jusqu'à en faire un homme triste et fade.

Un soir d'automne, à vingt ans, il s'était levé de table, avait fait sa valise, et sans rien dire était parti. Elle l'avait suivi, en pantoufles.

Le vent hurlait dans les rues, faisant battre les volets mal accrochés, lui envoyant dans le visage les papiers qui traînaient. Les grosses gouttes de pluie lui fouettaient la figure, l'iode se mêlant au sel de ses larmes. Elle rivalisait avec les éléments, en essayant de faire passer le bruit de sa douleur au-dessus de tous les autres. C'était un combat perdu d'avance.

Didier avançait à longues enjambées déterminées, laissant derrière lui cette mère désemparée. Il la distança rapidement, et disparut dans la nuit de la rue qui menait au port. Madame Kassim s'accroupit sous un porche, grelottant. Elle avait égaré une pantoufle, et ses cheveux pendouillaient lamentablement. Dans une voiture qui passait, un gosse la regarda, les yeux écarquillés de frayeur, elle ressemblait à une sorcière ayant chuté de son balai.

— Mauvaise mère, mauvaise mère, criait le vent à ses oreilles. Le grondement de l'eau courant vers les égouts semblait contenir toute la colère de son fils contre cette mère qui ne savait pas l'aimer.

Elle rentra chez elle, ivre de chagrin, gorgée d'eau, et commença de vieillir.

Une enquête sur le port lui apprit que son fils avait embarqué sur un navire à destination du Brésil, avec un billet payé depuis plusieurs mois. Il avait donc prémédité son départ ? Cette idée lui rendait son absence plus cruelle encore. De penser qu'il avait passé toutes ces heures, ces repas, ces soirées à ses côtés sans rien dire, sans rien laisser transparaître ! Il ne lui avait pas plus donné de chances de se racheter qu'elle ne lui en avait donné de s'épanouir. Tout au fond d'elle-même, une voix aigre lui murmurait sans cesse qu'elle méritait bien ce qui lui arrivait. Elle n'avait pas su garder un mari, pourquoi aurait-elle mérité un fils ? Elle rêvassait souvent, pensant aux petits-enfants qu'elle avait peut-être, à cette vie qu'il menait là-bas, au soleil du Brésil. Elle le voyait, riche entrepreneur, dans sa jolie maison, faisant tourner dans ses bras sa superbe femme brune, tandis qu'une ribambelle de gamins bronzés et potelés tapaient des mains en riant.

Elle prit l'habitude de ses promenades mensuelles sur la plage, à regarder au loin si un bateau battant pavillon brésilien apparaissait. Elle s'y rendait ponctuellement le 25 de chaque mois, jour où il était parti.

70

C'était idiot, les bateaux ne passaient pas par cet endroit, et il n'y avait aucune raison pour qu'il revienne exactement le même jour. Mais c'était mieux que de ne rien faire, à attendre des lettres qui ne venaient jamais, à guetter un pas dans l'allée qui ne se faisait jamais entendre. Si elle avait eu quelqu'un à qui parler, elle aurait volontiers reconnu que ce n'était que de la superstition, mais il fallait bien se raccrocher à quelque chose !

Un jour, plus d'un an auparavant, elle s'était trouvée sur la plage, un soir de printemps. Pendant les beaux jours, elle attendait que la foule des flâneurs et des touristes ait déserté le sable pour se rendre au bord de l'eau. Il était au moins 19 heures, et son estomac protestait de cette longue attente.

Tout près du bord, une petite silhouette chétive était accroupie, qui jetait des brindilles et du sable dans l'eau. Les vagues, contrariantes, ramenaient inlassablement à ses pieds tout ce que l'enfant lançait dans l'océan. Madame Kassim était agacée de devoir partager son moment avec un autre être vivant. Mais le gamin ne paraissait pas s'intéresser à elle. Elle en avait l'habitude. Les enfants qu'elle croisait réagissaient de deux façons : ils avaient un peu peur et s'éloignaient

71

prudemment, ou se moquaient d'elle ouvertement. Cet enfant-là ne semblait même pas s'être aperçu de sa présence. Il était si profondément absorbé dans ses rêveries qu'il ne remarquait pas que les vagues lui léchaient les pieds, chaussés de méchantes baskets sales.

Une pensée frappa madame Kassim : il était bien tard pour qu'un gosse de cet âge se promène seul près de l'eau. Elle s'approcha avec difficulté et posa sa main sur son épaule. L'enfant sursauta violemment, comme arraché de force d'un paradis intérieur. Il leva vers elle un visage crasseux, strié de traces de larmes. Madame Kassim s'attendait à le voir déguerpir, repoussé par son odeur de vieillerie à l'hygiène approximative. Certains jours, elle n'avait tout simplement pas le courage de se laver entièrement, et se contentait d'une toilette de chat. Mais non, il se borna à la dévisager, d'un regard noyé de chagrin. Elle lui dit :

— Viens, gamin ! Je vais te ramener, et lui prit la main.

Le petit Léo lui raconta qu'il était harcelé par des enfants plus grands, des redoublants, qui lui en voulaient de ses résultats scolaires excellents, et qui profitaient de sa fragilité pour lui faire subir toutes sortes de mauvais traitements. Ce jour-là, ils l'avaient poursuivi jusqu'à la plage, et avaient jeté ses lunettes dans l'eau. Et pour une fois, l'océan avait accepté le tribut payé par les hommes, et les lunettes n'étaient pas revenues sur le rivage.

Ce fut le début de dix mois de bonheur retrouvé pour madame Kassim. Lentement, de son pas hésitant, elle se traînait chaque après-midi jusqu'à l'école pour récupérer Léo à la sortie, afin que les grands le laissent tranquille. Ils allaient à la bibliothèque où Léo faisait ses devoirs pendant qu'elle se remettait de ses efforts. Il n'aimait pas rester chez lui tout de suite, ses parents rentraient tard, et même à neuf ans, on peut avoir peur d'être tout seul dans une maison trop spacieuse.

Il lui montra des planisphères, indiquant le Brésil et la France. Il fit pour elle une recherche sur une drôle de chose nommée internet, où l'on pouvait trouver toutes sortes de renseignements. Il réussit à faire apparaître sur l'écran de l'ordinateur l'annuaire du Brésil ! Le cœur de madame Kassim faillit s'arrêter lorsqu'elle découvrit sur l'écran les mots *Kassim Didier*. Son fils était vivant, bien portant, puisqu'il avait le téléphone ! Ses rêves pouvaient donc tout à fait être la réalité... Léo le lui imprima sur une feuille, pour qu'elle puisse garder une trace de ce merveilleux instant.

Le temps passait, et les grandes vacances commencèrent. Léo partit en colonie. Un jour d'août, chaud et étouffant, une lettre arriva. L'écriture ronde et appliquée de Léo couvrait les deux côtés d'une feuille de papier. En l'ouvrant, une rose séchée tomba sur ses genoux. Léo ne reviendrait pas, son papa était muté à Paris, et le déménagement devait se faire pendant qu'il était en colonie. Ses parents ne le lui avaient pas dit, pour lui faire une surprise. Il était désolé, mais promettait de lui écrire.

À l'instant où elle finissait de lire la lettre, un unique coup de tonnerre gronda. L'orage n'éclata pas ce soir-là, la pluie ne vint pas. Le ciel avait versé assez de larmes pour madame Kassim, il se désintéressait d'elle et de la troisième catastrophe de sa vie. Il fallait qu'elle affronte seule cette nouvelle épreuve.

Pendant les trois mois qui suivirent, le temps resta anormalement clément pour la saison. Pas d'averses, pas de vent. Les vagues étaient dociles et clapotaient gentiment, apprivoisées, sans jamais faire de rouleau. Les familles venaient passer leur dimanche à la plage, la télé parlait d'été indien. La ville était calme, silencieuse, même en pleine journée. Les sons semblaient étouffés, comme si tous, humains, animaux, objets prenaient garde de ne pas déranger madame Kassim dans son îlot de chagrin. Cela ne pouvait pas durer bien longtemps, il fallait bien que la nature reprenne ses droits, que le temps s'écoule, et que le cycle des saisons se manifeste à nouveau.

Ce 25 novembre, elle était presque arrivée sur la plage quand la tempête se déchaîna. Elle avait tout de même lutté pour s'approcher le plus possible. Finalement, ce n'était pas une si bonne idée de s'être déchaussée. Elle se tourna vers la rue, vers la ville et son tourbillon de vie. Elle ne distinguait presque plus les maisons, les réverbères étaient noyés dans des nappes de brouillard qui persistait à descendre malgré les rafales de vent. Le grésil pénétrait dans ses yeux, dans son col. C'était plus simple de rester tournée vers le large. Le chemin du retour était si dur, si long.

Soudain, le vent se fit plus langoureux, l'enveloppant comme une couverture douillette, la poussant en avant. La pluie chuchotait :

— Va, va.

Les éléments si acharnés jusqu'alors se firent ses amis et l'entraînèrent droit devant, vers le Brésil, vers Didier. Madame Kassim avança un pied, puis l'autre, et encore, et encore. L'eau lui arrivait aux genoux. Étonnamment, elle n'était pas froide, madame Kassim continua d'avancer, un étrange sourire illuminant enfin son visage. Et l'océan l'accueillit, bienveillant.

Le lendemain, un gamin ramassa les restes détrempés d'un papier où l'on distinguait encore quelques noms aux consonances exotiques. Le papier voletait doucement autour d'une vieille paire de savates mouillées.

La course souple des lionnes dans la savane

Lorsqu'Olivia ouvrit les yeux, la craquelure familière du plafond lui adressa son sourire complice. Sur la tablette à côté du lit, le petit-déjeuner l'attendait. D'un geste presque tendre, Olivia fit lentement basculer le plateau qui s'écrasa sur le carrelage immaculé, envoyant dans toute la chambre du verre et des gouttelettes de lait chaud. À force, elle avait repéré l'endroit précis où la gravité l'emportait, mais il fallait que le bol, le verre et l'assiette soient positionnés exactement de la même manière à chaque fois. Elle avait beau s'y attendre, le fracas la faisait immanquablement sursauter.

Puis elle entreprit de déchirer méthodiquement en dizaines de tous petits morceaux la feuille des menus du lendemain. Elle était censée cocher ses préférences chaque jour, choisir à l'avance ses repas, mais à quoi bon ?

Elle éparpilla les morceaux tout autour du lit, comme de la neige. C'était presque joli à voir.

La soif la tenaillant, elle saisit la carafe sur la table de nuit et but goulûment une longue rasade. Afin de cacher à l'infirmière qu'elle avait bu, elle projeta violemment la carafe contre le bord du lit. Ce n'était d'ailleurs pas une si bonne idée, les draps se retrouvèrent trempés et constellés de petits éclats de verre. L'un d'eux s'était fiché dans son mollet droit, mais aucune goutte de sang n'apparaissait encore. Repoussant les draps mouillés, Olivia se lança dans son activité favorite de ces derniers jours : l'observation de ses jambes inutiles. Il lui était difficile de croire que ses membres toujours bronzés et ronds ne lui serviraient plus jamais à rien, des appendices dont on ne sait que faire, des antennes inversées la tirant vers la mort.

Un cri la fit sortir de sa rêverie, l'infirmière, la pauvre infirmière qui ne pouvait qu'une fois de plus constater les dégâts.

— Olivia, non ! Pas encore ? J'en ai plus qu'assez, ça ne peut plus durer ! Tu crois que je n'ai pas assez de travail comme ça, avec tous ces gens qui ont vraiment besoin de moi ? Tu devrais avoir honte de toi ! Je n'ai pas l'intention de passer mon temps à nettoyer ta chambre. Trop, c'est trop ! Je jette l'éponge !

Elle sortit en claquant la porte. Olivia avait bien un peu pitié de cette fille, mais continuait, jour après jour.

Une envie d'uriner la fit sourire. Et si aujourd'hui... ? Il lui suffisait de relâcher ses sphincters, qui eux fonctionnaient parfaitement, et qu'elle contrôlait comme avant, merci bien.

L'odeur monta dans la chambre, âcre, forte, pleine de vie. Mais, cette fois encore, Olivia ne sentit pas la chaleur du liquide contre ses jambes inertes. Plus aucune sensation.

Sa mère allait rougir, bredouiller quand elle apprendrait qu'Olivia avait de nouveau fait sur elle, sans qu'aucune raison physiologique ne l'expliquât. Elle demanderait aux médecins pourquoi Olivia pouvait retenir sa grosse commission, et pas la petite. Olivia verrait un sourire fugitif traverser le visage du docteur, sa mère parlait toujours comme une gamine de cinq ans lorsqu'elle était embarrassée.

Son père exhorterait :

— Allons, Olivia, ne fais pas l'enfant, mange, sinon tu ne te remettras pas

Ah ! Cette bonne blague ! Si le simple fait de manger pouvait lui rendre ce qu'elle avait perdu, avec quel plaisir elle engloutirait tout ce qu'on lui présentait ! Elle se gaverait, laperait à même le sol, s'il le fallait.

Mais Olivia n'est pas sotte, elle a lu dans le regard du grand ponte qui vient la voir de temps en temps que son état ne changerait pas. Il a eu beau déguiser son embarras en l'emballant dans des mots savants aux consonances latines, elle a compris. Elle n'avait pas l'intention de leur faciliter la tâche en devenant une infirme exemplaire ! Elle refusait d'être de celles dont on loue le courage et la bonne humeur, de ces handicapées que l'on exhibe volontiers en vantant leur force face aux aléas de l'existence. Depuis que la vérité a atteint la part la plus intime de son être, Olivia a décidé qu'elle sera de celles qui gênent, qui dérangent, une emmerdeuse finie que l'on hait parce qu'elle vous fait la vie dure. Une infirme souriante, ça fait moins tache dans le tableau, ça se supporte. Quelques jours auparavant, Olivia avait surpris une conversation entre le médecin et sa mère. Ils croyaient qu'elle dormait. Le toubib expliquait que, bien que ses fonctions reproductrices soient intactes, il serait dangereux pour elle d'avoir un enfant. Elle n'aurait aucune sensation, ne pourrait avoir conscience des mouvements du bébé. Il avait fini en évoquant à mots couverts une éventuelle sexualité. Si Olivia avait bien tout compris, faire l'amour ne lui apporterait pas plus que de toucher une pierre.

Elle se sentait fière, ce matin, elle était venue à bout de sa troisième infirmière. Au moins, tous ceux qui la haïraient ne la noieraient pas de leur pitié dégoulinante qui dirait tout bas « comme je suis contente de ne pas être à sa place, pauvre petite ».

De toute façon, elle allait interdire à ses parents de lui rendre visite, leur envoyant quelques projectiles bien choisis s'il le fallait. Elle se transformerait en énergie pure, alimentée par sa colère, dont le rayon destructeur serait dirigé vers les gentils valides. Elle ne voulait pas monter dans la voiture, cette soirée l'ennuyait profondément, mais ses parents avaient insisté, insisté, jusqu'à ce que, de guerre lasse, elle finisse par accepter, ne serait-ce que pour ne plus les entendre. Voilà le résultat ! De l'accident proprement dit, elle n'avait que peu de souvenirs : quelques cris, d'affreux bruits de tôle qui se déchire. Puis le noir complet, avec en fond sonore les gémissements de son père, ou peut-être bien les siens.

Olivia laissa son esprit vagabonder. Elle ne pensait pas qu'il serait si simple de cesser de manger. Elle avait un peu peur le premier jour de ne pas résister aux affres de la faim. Mais la douleur s'était vite estompée pour laisser la place à un état de grâce. Elle se sentait légère, si légère. Elle pourrait flotter, voler comme une plume doucement portée par une brise d'été affectueuse, se chauffant au soleil en planant parmi les nuages.

Son corps s'affaiblissait peu à peu, mais son esprit se renforçait à chaque repas sauté. Il lui créait sur mesure des hallucinations magnifiques où elle courait sur une plage à la lisière de l'eau. Elle sentait l'odeur de la mer, et entendait les cris d'autres de son âge, qui la poussaient en riant. Elle chutait dans l'eau salée, et roulait avec les vagues, vivante, vivante, vivante…

Elle pouvait aussi s'imaginer chevauchant un cheval superbe dans une forêt à l'automne. Le soleil qui passait au travers des branchages donnait à toutes choses un aspect pastel. Elle sautait élégamment et avec souplesse de sa monture, et un jeune homme tout de blondeur virile étendait un drap de lin blanc sur l'herbe, au ralenti. Ils s'y couchaient tous deux et dégustaient des fraises en échangeant des regards lourds de promesses.

Un tout petit bout, minuscule et insignifiant, de sa conscience lui soufflait sans cesse que tout cela n'était que billevesées romantiques, que même avec ses jambes la réalité serait toute autre.

Olivia n'avait jamais aimé le goût du sel dans sa bouche, et détestait avoir du sable dans les cheveux. Quant à ses rêves forestiers, c'était sans doute le manque de sucre dans son sang qui lui faisait édulcorer ainsi la vérité : elle avait toujours eu une peur panique des chevaux, l'herbe était immanquablement pleine de fourmis qui vous escaladaient en vous piquant. Et des fraises en automne ? Gorgées d'eau et sans goût, tu parles d'un plaisir ! Pour couronner le tout, où trouver un tel beau garçon qui préférerait les balades en forêt à une partie de jambes en l'air entre deux draps ?

Olivia choisissait chaque fois d'ignorer cette petite voix rationnelle, et continuait ses divagations déraisonnables, aussi longtemps qu'elle était seule.

Au début, ses copines de lycée passaient la voir chaque samedi, et ses potes du club de basket également. Mais la gêne était si épaisse qu'elle déposait comme un brouillard dans la chambre. Finalement, les autres n'avaient rien à lui dire, une fois mises de côté toutes les choses qu'ils pensaient trop douloureuses pour elle : ciné, piscine, sorties shopping... Les joueurs de l'équipe n'osaient pas s'étendre sur les derniers matches ou des anecdotes d'entraînement. Peu à peu, ils avaient cessé de venir. Et ce n'était pas plus mal.

Une voix grave la fit sursauter, l'arrachant à son monde irréel.

— Olivia.

Elle soupira, et ouvrit les yeux.

Un homme très grand, à la peau très noire, se tenait à la porte de la chambre.

Satisfait d'avoir capté son attention, il s'avança sans rien dire de plus, et ramassa le verre, les morceaux de papier, la nourriture. Il installa le tout sur le plateau, sous le regard intrigué de la jeune fille, puis sortit. Il revint quelques minutes plus tard, portant sous un bras des draps propres, et dans l'autre main, un plateau qu'Olivia identifia comme un nécessaire de toilette.

— Si vous imaginez que vous allez me nettoyer, vous rêvez. Hors de question qu'un homme me touche, vous n'avez pas le droit ! dit-elle.

— Olivia, tu as usé, lessivé, trois infirmières successives. À partir d'aujourd'hui, que cela te plaise ou non, c'est moi qui vais me charger de toi. Tes parents ont donné leur autorisation. Tu es mineure, tu n'as pas le choix.

Il se pencha sur le lit et arracha le drap du dessus, puis sans ménagement commença à lui retirer sa culotte. Olivia se mit à hurler, griffant l'air de ses mains affaiblies, essayant en vain d'empêcher l'homme de la nettoyer, de l'atteindre dans sa pudeur. La porte étant restée entrouverte, des gens jetaient des regards curieux dans la chambre. Du personnel médical, et des personnes venues rendre visite à un proche sans doute. À tous, Olivia cracha des mots orduriers tout en continuant à se débattre.

En dépit de tous ses efforts, la force tranquille de l'homme vint à bout de la tâche à accomplir, sans la blesser, et sans aucune ambiguïté malsaine. Olivia se laissa lentement passer de la rage aux larmes, coincée dans les bras de l'homme, et finit par tomber dans un sommeil d'épuisement nerveux, bercée par une étrange mélopée aux sonorités exotiques qui sortait de sa bouche en flot ininterrompu et apaisant.

Les jours qui suivirent, Olivia prit bien garde de demander le bassin chaque fois que le besoin s'en fit ressentir. Elle ne voulait surtout pas avoir à nouveau à affronter une pareille épreuve.

Mais elle continua inlassablement à expédier par terre, ou contre les murs, les plateaux-repas qu'on lui apportait. Elle continua également à réduire les feuilles de menus en confetti tristes. L'homme sans nom, que dans sa tête elle nommait le sorcier, lui lisait chaque matin la liste des plats proposés, posait le papier et s'en allait en souriant.

Un après-midi radieux où le soleil se coulait dans la chambre malgré la volonté de la jeune fille, le sorcier lui annonça qu'elle avait dépassé les limites acceptables pour les médecins sans s'alimenter, et qu'il allait devoir lui passer des contentions pour pouvoir lui brancher une perfusion sans risque qu'elle l'arrachât.

Olivia eut un sursaut d'angoisse. Elle, déjà privée de l'usage de toute une moitié de son corps, allait devoir subir une chose pareille, et se retrouver complètement prisonnière, sans aucune liberté de mouvement ?

Bravache, elle jeta :

— Dans tes rêves, sorcier.

Il la dévisagea, sans ciller, et lança :

— Alors mange.

Elle hocha légèrement la tête, troublée par la volonté placide de ce regard qui ne déviait pas.

Au début, elle ne put qu'avaler une simple compote, étonnée de la richesse de goût d'un aliment si basique. Elle ne voulait pas perdre complètement sa capacité à rêver, aussi prit-elle bien garde de n'ingurgiter que le strict minimum à chaque repas. Elle continua à jeter ses plateaux que plus personne ne se donnait la peine de ramasser. La chambre était un véritable dépotoir de détritus à divers stades de pourrissement. L'odeur était épouvantable, mais ne semblait pas gêner le sorcier qui persistait à aller et venir, aussi à l'aise que s'il se fût trouvé dans un palace.

Olivia espérait secrètement que quelqu'un finirait par nettoyer, par peur de la contamination éventuelle. Mais apparemment le sorcier avait le pouvoir de décider ce qui se passait dans sa chambre.

Chaque jour, à la fin de son service, il venait lui conter de splendides histoires d'Afrique, où les animaux pleins de sagesse en démontrent aux humains. Olivia prit peu à peu conscience que chaque récit contenait une morale qu'elle était censée appliquer à son propre cas.

Mais elle refusait de se laisser si facilement avoir, semblable aux lionnes fières et indomptables qui peuplaient les légendes du sorcier, et qui couraient à travers la savane, bien au-delà de la loi des hommes.

Elle piquait des crises, elle hurlait, tempêtait :

— Il est où mon avenir, hein ? Je vais passer mon existence en solo, à la merci du bon vouloir de ma famille, de travailleurs sociaux et vivre une vie maladroite et compliquée ? Je ne serai jamais la journaliste que je désirais être. Je trouverai une place de standardiste dans une boîte quelconque d'une banlieue pourrie, dont l'unique intérêt sera d'avoir prévu un accès aux fauteuils. Et je serai la bonne copine, celle qui fait bien rire, mais qui rentre toujours toute seule chez elle le soir. J'aurais préféré crever dans cet accident. J'ai dix-sept ans, bordel, et ma vie est foutue, foutue.

— Oui, peut-être, répondait le sorcier. Chacun fait ce qu'il peut de sa vie. Il y a mieux que toi, mais il y a également pire.

Un soir où tout le monde dormait déjà, il l'emmena sur son dos, et lui fit visiter d'autres chambres du service, où des enfants sommeillaient, sanglés à des fauteuils étranges, semblables aux yeux d'Olivia à des instruments de torture.

— Ces enfants-là ont un problème de moelle épinière, c'est un peu compliqué à expliquer, mais ils ne pourront plus jamais être en position horizontale, sous peine de mort rapide.

Olivia sentit qu'il s'agissait de lui faire honte, de lui montrer qu'après tout, elle ne s'en sortait pas si mal. Mais qu'est-ce que ça pouvait lui faire que d'autres soient plus mal en point qu'elle ? Ça ne changerait rien de rien à sa propre situation, pas vrai ?

Plus troublée qu'elle ne voulait se l'avouer, ce soir-là, Olivia se contorsionna dans son lit jusqu'à atteindre du bout des doigts un petit morceau de verre par terre. Elle le ramassa, l'observa un long moment entre ses doigts en le faisant tourner dans la lumière. Soudain, sans avoir consciemment prémédité son geste, elle serra le tesson fortement dans son poing jusqu'à ce qu'une douleur fulgurante la traverse.

Elle serra, serra, accueillant la souffrance avec délice. Le sang se mit à couler à gouttes paresseuses sur le drap. Elle oscilla doucement le poignet dans un mouvement pendulaire pour éparpiller les gouttes.

Goutte après goutte, une carte se forma sur le lit, la carte d'un pays secret, où les jeunes filles ne connaîtraient jamais nul malheur, nulle déception ; où elles ne seraient jamais déchirées entre la voix de leur raison et les sirènes de leur imagination ; où leur salut ne prendrait pas la forme d'un sorcier noir les poussant à quitter la mer du renoncement pour aborder sur le rivage de la réalité.

Chaque fois que le sang s'arrêta de couler, Olivia fouailla rageusement dans la plaie avec le verre pour créer une nouvelle vague de sang frais, et agrandir le pays. Elle peaufina les côtes, dessina quelques îles, pas trop éloignées, pour qu'on puisse faire l'aller-retour dans la journée.

Elle assombrit certains endroits, imaginant de profondes forêts où dormaient des princesses et où s'épanouissait une flore sauvage et belle. La carte lui paraissait avoir presque atteint la perfection lorsque les larmes s'écrasèrent dessus. Des taches plus claires apparurent, estompant les côtes, brouillant les tracés, jusqu'à ce que le pays merveilleux ne soit plus qu'un songe utopique, enfui à l'arrivée du matin.

Le sorcier, arrivant avec le petit-déjeuner et les menus, soupira en voyant la mine chiffonnée de chagrin de la jeune fille, et la main inerte sur le fond rouge du drap souillé.

— Olivia, il est temps de passer à autre chose, tu ne crois pas ?

Son regard tendre pénétra sans doute au plus secret d'elle-même, car un « oui » timide sortit de sa gorge, à sa grande surprise. Il lui tendit le papier, le stylo, et se mit à ramasser le fouillis de la chambre.

Ce jour-là, il aéra la pièce pendant plusieurs heures, permettant au soleil et à la brise de ce début d'automne aguicheur d'entrer. Il nettoya de fond en comble, sol, murs, meuble, lit. Olivia se laissa griser par le festival de senteurs qui lui parvenaient. Odeur citronnée du produit de lavage, odeur puissante des feuilles en décomposition qui se trouvaient dans le parc qu'elle devinait dehors, odeur de vanille que dégagea son corps après la douche administrée avec douceur par une matrone au sourire maternel...

Le menu resta jusqu'au soir intouché sur la table de nuit. Les ombres commençaient à envahir la chambre, lorsqu'Olivia interrogea timidement le sorcier :

— Si je remplis ton menu, tu me sortiras pour voir les arbres ?

— Bien sûr, aussi souvent que tu le voudras.

Dans une dernière bravade, le sursaut ultime d'une révolte inutile, Olivia cocha toutes les cases pendant quelques jours, histoire de ne pas tout lâcher du premier coup sans doute. Le sorcier l'emmena se promener chaque fois qu'elle en fit la demande.

Elle devenait douée dans le maniement de son fauteuil, ses forces revenant. Elle finit même par participer à quelques courses effrénées avec des enfants dans les couloirs immenses. Une fois, elle arriva deuxième, toute gonflée de fierté.

Le sorcier lui amena à chaque repas les choses qu'elle aimait le moins dans le menu du jour, comme par hasard, en soulignant que ce jour précis, il y avait aussi au menu tel ou tel aliment qu'elle préférait, selon les dires de sa maman.

— Quelle peste que cet homme, pensait Olivia en pouffant.

Un matin, elle tendit en rougissant le papier plié. Il l'ouvrit. Pour chaque repas, un seul choix était coché bien proprement, comme il se doit. Il ne dit rien, et emporta le menu, laissant Olivia dans son fauteuil près de la fenêtre.

Elle ne s'était pas doutée que de simples croix tracées sur un menu d'hôpital pouvaient lui donner autant de bonheur, de sérénité retrouvée.

Ce soir-là, le sorcier prit la main d'Olivia, et lui déclara :

— Mon travail est fini, Olivia, je vais partir, passer à une autre. Une petite fille, dans un autre service, elle a bien besoin de moi.

Olivia sourit, d'un sourire qui révélait enfin l'adulte sensible et gaie qu'elle serait sans doute un jour :

— Vous n'êtes pas seulement infirmier, n'est-ce pas ?

— Si, bien sûr que si. Quoi d'autre ?

— Vous êtes un sorcier en réalité, j'en suis certaine !

Un sourire énigmatique éclaira le beau visage, et l'homme sortit.

Olivia resta de longues heures immobile, le regard perdu dans le lointain. Puis, à l'heure où les ombres commencent à reprendre possession du monde, elle tendit la main vers le téléphone. Elle décrocha, tapa lentement sur les touches. Ses doigts n'hésitaient pas, ils connaissaient le numéro par cœur. À l'autre bout, une voix répondit.

— Maman ?

Des sanglots éclatèrent, se déversèrent bouillonnants, narrant l'histoire simple de la petite lionne qui ne pouvait plus courir. L'eau coulait de ses yeux, pendant que les paroles s'entrechoquaient entre ses lèvres. Là-bas, dans la chaleur de son salon, la mère soulagée écoutait la rancœur quitter l'âme de son enfant, pour enfin laisser la place à l'acceptation.

Au loin, émanant d'une fenêtre ouverte quelque part, un tam-tam jouait.

Rue Catulienne

J'aimerais bien pouvoir me faire croire à moi-même que je ne sais pas comment j'en suis arrivée là, mais ce n'est pas le cas. Je le sais parfaitement, et mon reflet dans la vitrine, image fragmentaire et tremblotante d'une fille toute simple qui a l'air de se demander ce qu'elle fout là, avec cet énorme couteau à la main. J'essuie du revers de la main la sueur qui me coule dans les yeux. La boutique est un four, le soleil a tapé en plein dessus toute la journée, et la vieille s'est pissé dessus, ce qui n'arrange rien. Je pense fugitivement qu'une fois rentrée à la maison, une bonne douche me fera du bien. Cette idée idiote me fait marrer, d'un rire chevrotant à la limite de l'hystérie. S'il y a une chose dont je suis sûre à l'instant présent, c'est que jamais je ne pourrai rentrer à la maison, quelle que soit l'issue de cette journée, et c'est pas plus mal, en fin de compte. Je vais me barrer d'ici, et prendre un nouveau départ. Et dire qu'il y a quelques heures à peine, ma vie me semblait convenue. Je donnerais n'importe quoi pour remonter le temps.

Toute cette histoire à la con a commencé près du canal. La gare vomissait son habituel lot de banlieusards harassés qui se pressaient pour attraper leur bus, et réintégrer leur chez eux avant que la nuit s'annonce et que la rue soit livrée aux bandes. Pas un sourire sur leurs visages apeurés, malgré la douceur de l'air et le bleu uniforme du ciel. Je remontais le canal depuis la cité, sans regarder l'eau marronnasse de la Seine, et en feignant de ne pas sentir les émanations putrides qui se manifestaient à chaque clapotis venant de l'écluse qui se vidait un peu plus haut. Ce matin, Benoît m'avait envoyée promener quand je m'étais présentée devant lui, son visage crispé n'augurant rien de bon. Je savais que le grand Moustapha avait piqué une bonne partie de la came qu'il devait livrer aux petits friqués du lycée privé de l'autre côté du canal, et que ça risquait de chauffer à la cité. J'avais pris la tangente pour la journée, emportant ma cargaison habituelle. J'avais glandé, et je voyais tous ces gens qui n'avaient pas profité d'un seul instant de cette journée magnifique. Je n'avais pas envie d'être comme eux, une esclave insignifiante, mais je jalousais malgré moi leur air affairé.

Avec mes cheveux roux étincelants, ma crinière comme le dit Benoît, je ne passe pas inaperçue, et il valait mieux que je ne sois pas là si les flics débarquaient en plein règlement de compte.

Pendant toute une partie de ma vie, j'ai détesté ces cheveux qui m'exposaient trop aux regards, et me condamnaient à ne jamais être anonyme dans la foule des filles de la cité. Tous les garçons me sifflaient, j'aurais voulu disparaître. Je mettais mon uniforme avant de sortir de chez moi : jean extralarge qui cachait mes formes, pulls longs, blouson de motard, baskets, et casquette enfoncée sur le front. Mais ça n'empêchait pas ces connards de me reluquer, comme si cette chevelure me dénudait malgré moi aux yeux des hommes. À cette époque, j'aurais voulu pouvoir me voiler, comme mes copines musulmanes, qui trouvaient là la seule voie pour assurer leur tranquillité. Elles, on les laisse de côté, on les respecte, on les voit même plus. Mais personne n'y aurait cru, pas vrai ? Je m'achetais parfois de vraies fringues, des trucs de fille, que je passais dans ma chambre devant mon miroir. Comme une gosse qui se déguise en fée, mais qui sait qu'elle ne pourra pas sortir comme ça.

Et puis Benoît m'a prise sous son aile, et plus personne ne m'a embêtée. Je navigue dans Saint-Denis, le jour comme la nuit, en toute impunité, la plupart du temps accompagnée d'un des gars de Ben, qui me sert d'ange gardien.

Peut-être bien que si j'en avais eu un tout à l'heure, près du canal, les événements auraient pris une tout autre tournure. Mais j'étais seule.

Ils l'avaient trouvé, je l'avais devant moi, sous le pont après l'écluse. Mouss était vautré là, le trou énorme dans son ventre ne laissant pas de place pour le doute quant à son état. Et comme une idiote, je n'ai pas pu m'empêcher de vomir à côté de lui. J'avais tout fait pour m'endurcir au fil des ans, ne pas pleurer quand les gars faisaient cramer des chats dans les halls, fermer mon cœur aux hurlements des filles dans les caves, oublier que cette épave humaine à qui je refilais la dose qui allait l'achever avait été ma copine de classe. Mais là, ce cadavre, je n'ai pas pu, j'ai vomi.

Toutes les mauvaises séries américaines que j'avais ingurgitées depuis des années me sont revenues. Je me suis dit que pour un meurtre, les flics allaient se montrer moins fatalistes que pour de simples vols de voitures, et qu'ils allaient forcément analyser l'ADN ou un truc dans ce genre, ce qui les mettrait sur ma piste. En fouillant un peu à la cité, il ne leur faudrait pas longtemps pour remonter jusqu'à moi, et jusqu'à Benoît. Et Ben ne prendrait jamais le risque de tomber à cause d'une nana, il me ferait descendre avant, et pas sereinement, si j'en croyais l'expression sur le visage du mort. Je regardais Mouss et l'amas sanglant sur son ventre, je regardais la flaque de vomi qui avait éclaboussé son jean de marque, celui dont il était si fier, je regardais les détritus qui passaient sur le canal. Mais je ne voyais rien, je ne pensais plus. Ma tête se remplissait d'un hurlement sauvage qui scandait quatre syllabes en boucle :

— J'veux pas mourir, j'veux pas mourir, j'veux pas mourir.

Au bout d'un long moment, mes jambes ont bien voulu recommencer à me porter, je me suis approchée du bord et j'ai balancé toute la came que j'avais sur moi, avant de retirer le couteau des entrailles de Mouss. Celui qui l'avait planté s'était acharné longuement sur lui, une vraie boucherie. La nausée m'a reprise, mais je n'avais plus rien à vomir, alors je suis partie en courant. Un pépé avec son chien arrivait en face de moi, je l'ai bousculé en maudissant à nouveau mes cheveux qui feraient un excellent repère, même si la mémoire du vieux partait en vrille. Encore quelques mètres, et il découvrirait le corps, puis donnerait l'alarme. C'est sûr que mon départ en quatrième vitesse, un couteau à la main n'allait pas arranger mes affaires. J'ai zigzagué entre les voitures tout le long de la Rue Renan, aidée par les encombrements de la fin de journée. J'ai couru autant que j'ai pu, aussi loin que mes poumons l'ont bien voulu. Quand enfin, je me suis arrêtée, incapable de faire un pas de plus, j'étais Rue Catulienne, face à une mercerie. Cette mercerie, je la connais depuis que je suis toute gosse. C'est là qu'on allait avec ma mère, commander les étiquettes tissées qu'elle allait coudre sur les fringues de mes sœurs et moi pour les départs en colo chaque été. Je faisais râler mes sœurs, parce qu'étant la plus grande, j'avais droit chaque année à de belles étiquettes toutes neuves, alors qu'elles récupéraient mes vêtements usés, aux étiquettes ternies par les lessives successives. J'aimais bien cette boutique, qui recelait de véritables merveilles pour une gamine : boutons brillants aux formes extravagantes, rubans satinés, aiguilles en tous genres, et tout plein de petits tiroirs qui devaient déborder de trésors que mon imagination se chargeait de me représenter, tandis que ma mère remplissait péniblement le formulaire de commande des étiquettes, et sortait le bon de paiement fourni par la mairie. Il me semblait avoir toujours vu la vieille au sourire doux, qui se penchait vers moi dans une odeur de lavande pour m'offrir un bonbon à la menthe. Ses bonbons piquants m'arrachaient la langue et me mouillaient les yeux, mais pour rien au monde je ne les aurais refusés. Une fois, elle avait noué un long ruban jaune dans mes cheveux, avec un clin d'œil complice. Ce ruban, je l'ai gardé dans ma chambre, un des rares cadeaux que j'ai reçus.

C'est peut-être ces souvenirs qui m'ont poussée à ouvrir la porte, et entrer dans la mercerie. Ou peut-être aussi le regard inquisiteur du vigile de la grande parfumerie en face. Ou peut-être que le destin de chacun d'entre nous est d'aller à sa perte, dès le jour où nous arrivons à la cité, à peine sortis des ténèbres bienfaisantes du ventre de notre mère.

Comme une conne, j'ai voulu refermer correctement la porte, qui ne claquait pas toute seule, et la vieille a vu le couteau sous mon blouson quand j'ai actionné la poignée. Elle a eu un drôle de petit cri étranglé et a essayé de se précipiter dans l'arrière-boutique. J'ai alors tourné le verrou, et je l'ai suivie. J'avais juste envie de lui expliquer ce qui m'arrivait, de lui demander de m'aider, de lui dire les bonbons et les étiquettes et le ruban. Mais elle a tout de suite paniqué, et mes réflexes de la cité ont pris le dessus. Je l'ai poussée violemment pour qu'elle n'atteigne pas l'arrière-boutique, après tout je ne savais pas ce qu'il y avait là. Et la vieille s'est cognée sur sa vitrine, pile sous les yeux du vigile qui s'était approché. J'ai attrapé la vieille par les cheveux, il y en avait si peu, et j'ai balancé mon poing dans la vitrine. Elle s'est cassée, à mon grand étonnement, m'arrachant une bonne partie de la peau des phalanges. Le vigile a sursauté, la vieille a couiné, et j'ai gueulé :

— Fous le camp ou je la bute !

N'importe quoi !

Depuis, on est coincées dans cette petite boutique, la vieille et moi. Je sais que les flics sont là, à chaque bout de la Rue Catulienne, j'ai entendu les sirènes. La géographie particulière de la rue fait qu'ils n'osent pas trop s'approcher, mais ils finiront par le faire. Cet abruti de vigile a dû mal voir ce qui s'est passé tout à l'heure, il a dû leur dire que j'avais tiré dans la vitrine, parce que toutes les dix minutes, il y a un flic qui veut se la jouer bon copain, et qui me demande de jeter mon arme par le trou dans la vitre et de me rendre bien gentiment.

La nuit commence à tomber, j'ai chaud, j'ai soif, j'ai faim, ça pue l'urine, et la vieille ne cesse de gémir. Je lui ai mis une gifle pour qu'elle arrête, mais on dirait qu'elle n'est plus sur la même planète que moi. Je l'ai ligotée sur sa chaise avec son fil de nylon, et j'ai un peu exploré la boutique. Dans les tiroirs, j'ai vu des boutons, des fils de toutes les couleurs, et c'est tout. J'ai été plutôt déçue, mais j'ai l'habitude, pas vrai ? La vie n'est jamais comme on voudrait qu'elle soit. On essaye, on essaye, mais au bout du compte, on se fait toujours avoir. L'arrière-boutique a une porte qui s'ouvre sur une petite cour sale. J'imagine que les flics y sont maintenant, et que j'ai laissé passer ma chance à tenter de calmer la vieille. Plus je la regarde, plus j'ai l'impression de voir ma grand-mère, mais ce qui luit dans ses yeux me fait penser aux gens sur les photos de l'expo que la prof d'histoire nous avait emmenés voir en quatrième, ces gens qui arrivaient aux camps de concentration. Ils regardaient l'objectif de l'appareil tenu par l'un de leurs bourreaux. Pourquoi la vieille a ce regard ? Je ne suis pas un bourreau, je n'ai jamais fait de mal à personne. J'ai laissé les autres en faire, c'est clair, mais ce n'est pas la même chose, tout de même ! Elle me voit dans mon attirail de zonarde, mais elle penserait sûrement autrement si elle me voyait quand je passe le corsage blanc cintré et la longue jupe noire que je garde précieusement dans mon placard. De toute façon, même sans le couteau, elle m'aurait jugée dès que j'aurais posé le pied dans sa boutique. Elle n'aurait pas écouté, elle n'aurait pas cru, ni compris. Je suis enfermée dans ce truc, je ne sais plus quoi faire, et je ne suis coupable de rien de grave, tout compte fait. Et pourtant, si je mets le pied dehors, ils vont se jeter sur moi, me foutre par terre et me tordre les bras en hurlant. Et Ben va me faire tuer, pour s'assurer que je ne parle pas.

Il faut que je me tire, que je trouve un moyen.

J'essaye de réfléchir, mais les gémissements à côté de moi ont augmenté de volume, elle hulule d'une voix aiguë qui me donne des frissons. Le couteau pèse des tonnes dans ma main, je voudrais le poser, mais il me rassure. Et ces cris qui me vrillent les tympans.

Je voudrais vivre à la campagne, entendre les oiseaux le matin, et avoir des gosses, des petits rouquins en pleine santé qui cavalent partout avec du chocolat autour de la bouche. Je voudrais pouvoir chanter au bord d'une rivière à l'eau pure sans que personne ne me traite de pouf'. Je voudrais poser ma tête sur les genoux d'une vieille grand-mère et qu'elle me caresse les cheveux avec tendresse. Je voudrais pouvoir faire un tour complet sur moi-même et ne voir que du vert.

Mais tout ce que la vie m'a donné, c'est cette mercerie, Rue Catulienne, et cette petite bonne femme ridée, qui maintenant hurle à la mort. Je la secoue pour qu'elle s'arrête, les flics vont s'imaginer que je la torture. Mais rien à faire, elle continue. Voilà ce que la vie m'a donné, tous ces jours, ces mois, ces années pour arriver dans cette rue.

Alors, sans y penser, presque par inadvertance, je lui tranche la gorge. Le sang jaillit, violemment, et m'asperge de sa chaleur nourricière. Dans le silence revenu, il me semble entendre le vieux cœur qui pompe, et je rigole.

J'ai choisi d'abandonner mes rêves de gosse derrière moi, et de me laisser aller à ce que ma naissance avait prévu pour moi. Je suis devenue prédateur, et j'ai achevé ma proie. De toute façon, qui m'aurait crue ? Qui aurait pris parti pour moi ? Il y a des batailles qui ne valent pas le coup d'être livrées.

Je sors, couverte de sang, traînant derrière moi la chaise chargée de son fardeau morbide.

Dehors, je lève la tête, et j'aperçois la dernière lueur du soleil qui me quitte, les ténèbres sont proches. Un enfer sonore se déchaîne autour de moi, je baisse les yeux vers la chaise et je vois la vieille tressauter.

Je crois qu'ils sont en train de tirer.

Loin de Caroline

274e jour.

Enfin, je crois. Une fois par jour, le soleil réussit à entrer timidement ici, pendant ce que je pense être deux heures. Il s'immisce par un minuscule orifice et dessine un cercle doré sur le sol. Cela me rappelle invariablement les gousses de monnaie-du-pape séchées que j'adorais dans mon enfance. Je passe mon pouce contre le cercle de soleil et je le frotte contre le sol, et j'imagine que j'entends le crissement soyeux de la monnaie-du-pape. Ce sont les seuls moments de vraie lumière dans cet enfer, et c'est sur eux que je me base pour compter les jours de ma captivité. Je peux me tromper, avoir parfois dormi suffisamment longtemps pour rater le soleil et ainsi fausser mon décompte. Mais cela n'a pas dû arriver assez souvent pour que je sois très loin de la vérité. Au pire, j'ai sauté une dizaine de jours. Ce n'est pas dramatique. De toute façon, compter les jours, c'est l'unique concession à la réalité que je fasse encore. Et puis ça ne change rien.

Au début, j'appelais, je criais, je pleurais. Je voulais comprendre, je voulais savoir. Mais aucune réponse n'est venue. Je cherchais à garder la vraie vie pas trop loin de moi, j'essayais de dormir quand je pensais que c'était la nuit, je comptais les secondes, les minutes et les heures.

Je faisais de mon mieux pour rester présentable en passant ma main dans mes cheveux de plus en plus sales et en tapotant mes vêtements pour en retirer la poussière. Je parlais à voix haute pour le plaisir simple d'entendre une voix humaine. J'en arrivais à espérer que mes ravisseurs se montrent pour de bon, tant était grand mon besoin d'apercevoir un visage, fût-il hostile. Une chose est certaine, je ne risque pas de souffrir du syndrome de Stockholm. Ils ne sont que des ombres qui vont et qui viennent, à intervalles aléatoires. Jamais ils ne se montrent, jamais ils ne me parlent.

Mes cheveux aujourd'hui ne sont plus qu'une masse hirsute et compacte. Ma jupe est déchirée, mes collants ne sont plus qu'un souvenir. Et mon joli pull en angora rose est en lambeaux. Je l'avais pourtant payé cher.

Pendant un temps, je me raccrochais aux images de ma vie, j'imaginais les premiers pas de ma fille, peut-être ses premiers mots. J'imaginais son père la prenant en photo à tout moment, dans l'espoir fou de pouvoir un jour me montrer et m'expliquer, pour rattraper le temps perdu, me dire les joies et les peines des jours sans moi.

Mais toutes ces images me faisaient trop souffrir, non pas par leur force, mais a contrario parce que les visages de mon mari et de mon bébé s'effaçaient de plus en plus, aspirés par le temps. Ils avaient constitué les pôles de mon existence, mes pensées allaient vers eux presque exclusivement, mais après quelques semaines de séparation, ma mémoire m'en éloignait. J'ai versé tellement de larmes amères, qui coulaient paresseusement le long de mes joues avant d'aller s'écraser dans la poussière du sol en terre battue desséché.

Ensuite, j'ai passé quelques jours un peu fous, je dois l'avouer à ma grande honte. Je marmonnais, je balbutiais des paroles sans suite et sans signification. Je demandais aux murs pourquoi j'étais là, et pourquoi ils me retenaient ainsi sans explication. Pourquoi, pourquoi, pourquoi, pourquoi, une litanie incessante qui a bien failli me faire perdre la raison. Surtout que la conversation des murs est généralement assez limitée.

Et puis la litanie a lentement pris des accents mélodiques, un rythme propre. Elle s'est faite mélopée venue du fond des âges pour m'aider à tenir le coup. Comme si tous les hommes et femmes qui avaient souffert avant moi, depuis la nuit des temps, s'étaient réunis dans cette pièce malodorante pour me montrer le chemin. Ils ont construit une barricade magique autour de mon esprit pour empêcher le dehors de le blesser. Mais mon esprit était à l'étroit, il lui fallait une voie, un endroit où s'échapper.

Et j'ai trouvé, par hasard, le moyen de fuir ailleurs.

Je suis allée au cinéma.

Mes chansons qui ne voulaient rien dire se sont petit à petit rapprochées des mélodies des comédies musicales que je regardais à la télévision quand j'étais enfant. J'ai quitté les ténèbres affolantes de ma prison pour m'envelopper dans l'obscurité bienveillante d'une salle de cinéma. Je sentais le velours usé du fauteuil sous mes doigts, je m'enfonçais voluptueusement dans ses bras aimables. Les lumières s'éteignaient, et l'enchantement commençait. Lumières et couleurs sur l'écran dansaient un ballet magnifique, envoûtant. Je régressais, croyant avoir de nouveau six ou sept ans, ensorcelée par la musique.

Jamais je n'aurais pensé être capable de me souvenir de tant de choses.

C'était comme si chaque film que j'avais pu voir par le passé m'était restitué, intact, dans toute sa splendeur. Oh, je ne prétends pas qu'il n'y avait pas quelques erreurs par-ci par-là, que quelques mesures ne sautaient pas dans les chansons. Mais je crois que dans l'ensemble, c'était assez fidèle. Ma mémoire avait semble-t-il emmagasiné dans un coin poussiéreux de ma tête des petites boîtes empilées les unes sur les autres. Chacune de ces boîtes contenait un film entier, générique compris. Je prenais une boîte et regardais le film. La boîte une fois vide venait se poser à côté de la précédente, tout naturellement. Le monde de sueur, de peur et de merde qui faisait mon quotidien était un gouffre insondable qu'il fallait que je traverse pour atteindre l'autre côté, le monde des films. Je construisais patiemment un pont avec les boîtes, une à une. Parfois, une boîte que j'ouvrais contenait un film que je n'avais pas aimé ou qui m'avait fait peur. La première fois que c'était arrivé, j'avais remis le film dans la boîte, et je l'avais jetée à côté des autres. Mais, sans doute à cause de son poids, au lieu de flotter dans les airs au-dessus du gouffre, elle s'était enfoncée, entraînant une autre boîte dans son sillage. Je m'obligeais donc à tout regarder, sans tricher, de peur d'en perdre une autre.

Je n'avais aucune idée du nombre de boîtes à ma disposition. Et si je n'en avais pas assez pour traverser, et être vraiment libre, passer vraiment de l'autre côté de l'écran ?

Je crois que ça doit être aux alentours du 182e jour que mon pont de boîtes a été enfin terminé. Là-bas, j'entendais des rires, de la musique. Bien sûr, j'ai traversé, à petits pas. J'étais dans *Mariage royal*, mon préféré. Fred Astaire dansait sur les murs, défiant délicieusement les lois de la gravité. J'ai passé des heures merveilleuses à danser et chanter avec Fred et Jane Powell, habillée de jolies toilettes. Oubliés mes kilos en trop, ma myopie, et oubliée ma prison. Musique, chansons, musique, chansons.

Quand mes geôliers faisaient grincer la porte pour me jeter ma pitance, un vent soudain m'aspirait au-dessus du pont pour me rejeter dans les abîmes de la réalité. J'avais alors des accès de panique, la peur de ne plus pouvoir retraverser. Mais toujours Cyd Charisse venait me rechercher, mystérieuse et belle, pour me guider vers la musique et un nouveau film.

Parfois, j'étais tentée de rester ici, parce qu'on me donnait quelque chose qui me rappelait la joie de ressentir de vraies sensations, un bout de chocolat, un minuscule échantillon de parfum. Des choses qui chaviraient mes sens privés de repères depuis si longtemps. Mais Ginger ou Fred me souriaient, et je comprenais alors qu'il ne s'agissait que de chausse-trappes destinées à tromper mon esprit désemparé. *Ils* jouaient à être humains, pour mieux me leurrer. Il fallait vite que je reparte, pour ne pas tomber dans les pièges de la folie.

Avant, j'étais une femme solide, une femme qui compte. Je dirigeais des gens, je donnais des ordres. Je ne m'en laissais pas conter. Je voyageais pour mes affaires, et c'était important. Je signais des contrats, je serrais la main des puissants. Je souriais, les lèvres durcies, prête à mordre s'il le fallait.

C'est loin tout ça.

Je ne sais même plus dans quel pays j'ai été kidnappée. Libye ? Ouzbékistan ? Paraguay ?

Quelle importance ?

Une seule fois, j'ai bien failli ne pas réussir à retourner dans le film. *Ils* avaient tiré jusqu'à ma cellule un énorme baquet rouillé rempli d'eau. Elle était tiède, comme celle qu'on me donnait à boire. Elle ne dégageait pas d'odeur particulière, elle devait être propre. Je me suis plongée dans le baquet en riant, hystérique du bonheur simple d'être dans l'eau, d'entendre le clapotis quand je bougeais. Tout mon corps semblait se réveiller, la moindre terminaison nerveuse au garde-à-vous, pour ressentir, juste ressentir. Mon esprit chaviré se jetait sur chaque information fournie avec avidité, pour la stocker, la comparer avec celles déjà en sa possession. Semblable à ces savants fous des films de série B des années 50, mon cerveau n'arrivait plus à s'arrêter.

J'entendais bien les appels de plus en plus paniqués de Fred, Cyd, Ginger, Gene et leurs comparses de l'autre côté, qui me pressaient de venir les rejoindre. Ils me criaient que c'était un piège, que je ne devais pas céder, qu'il me fallait me ressaisir au plus vite. Je n'y arrivais pas, j'étais sourde aux sons, ouverte seulement aux sensations. Je sentais la sueur, la crasse et la poussière glisser de moi, j'avais l'impression de revivre.

Comme s'il me suffisait d'ouvrir les yeux pour me retrouver de nouveau dans la chambre de ma petite Caroline, et voir son regard affectueux posé sur moi. Cyd Charisse me tirait, me murmurait à l'oreille qu'il ne s'agissait que d'une illusion, que Caroline était loin, à Paris, qu'en aucun cas elle n'était là près de moi.

Ce jour-là, je ne suis pas passé très loin de la catastrophe irrémédiable, je crois.

C'est Gene Kelly qui m'a sauvée. Il s'est approché, est entré dans le baquet avec moi, et a entonné les premières notes de *Singing in the rain*.

Doo-dloo-doo-doo-doo
Doo-dloo-doo-doo-doo-doo
Doo-dloo-doo-doo-doo-doo
Doo-dloo-doo-doo-doo-doo

Puis les paroles.

Il chantait d'abord tout doucement, puis plus fort. Sa voix superbe s'est élevée, emplissant toute la pièce minuscule. Elle a enflé, et nous avons traversé tous les deux, touchant à peine les boîtes de nos pieds. J'ai passé un imperméable et nous sommes allés danser autour des réverbères pendant des heures. Il m'a offert un splendide bouquet de monnaies-du-pape.

Doo-dloo-doo-doo-doo-doo.

274e jour.

J'ai épuisé tout mon stock de films. À force de les repasser trop souvent, ils se sont effrités et ont disparu. Les petites boîtes de ma mémoire les protégeaient des effets délétères de l'extérieur. Une fois sortis, ils ont commencé à se corroder, sournoisement, insidieusement. Parfois, ils se mélangeaient un peu, ou des fausses notes se faisaient entendre. Cyd ratait un pas et toute une scène disparaissait.

Les boîtes restaient fidèles au poste, et je pouvais toujours faire mes allers-retours à chaque instant. Mais à chaque film qui disparaissait pour de bon, les boîtes pâlissaient, comme du carton laissé trop longtemps au soleil. J'oubliais.

Est-ce que c'est ça vieillir ? On dit qu'à l'approche de la mort, les vieux se remémorent soudain clairement des choses datant de dizaines d'années. Cela voudrait peut-être dire qu'ils se mettent à ouvrir toutes leurs boîtes simultanément, avec frénésie. Les contenus éclatent dans leurs têtes, feux d'artifice étincelants. Et quand la dernière étincelle s'éteint, ils meurent, leur pauvre esprit vidé de tout ce qui en faisait la valeur.

Je n'ai que trente-deux ans, mais je me retrouve dans la même situation. Cyd est là, près de moi, mais son visage est déformé. On dirait une photo sur laquelle on a versé un produit chimique. Ses traits coulent, je sais qu'elle va disparaître sous peu. Je n'ai pas envie de traverser le pont de boîtes. Maintenant, là-bas les rues sont désertes, et le vent souffle fort. On est loin des mises en scène fastueuses de *Ziegfield Follies*. Le décor désormais est celui d'une ville fantôme du Far West. Les portes du saloon dévasté grincent, des buissons d'amarante sèche errent dans Main

Street, un coyote pousse son hurlement lugubre dans le désert.

Ginger Rogers, en vêtements déchirés de chercheur d'or, protège son visage derrière un foulard à carreaux. Elle hoche la tête tristement avant de s'éloigner sur une vieille mule branlante.

La boîte la plus proche de moi s'évanouit sans bruit au moment où Ginger disparaît de ma vue. De dépit, Cyd crève une autre boîte de son talon aiguille avant de s'éloigner à son tour.

Je sais que si je traverse, je risque de ne plus jamais revenir. Ou pire, que le pont fragile s'écroule sous mon poids et que je chute dans une éternité de démence et de désespoir.

274e jour.

Je me roule en boule, et j'attends la mort. Je ne me redresse même pas pour caresser le soleil quand il se présente.

Je ferme les yeux pour ne pas le voir, je me bouche les oreilles pour ne pas entendre le bois qui craque derrière moi. Le soleil compatissant tente de me sortir de ma léthargie en me chauffant le dos, les fesses, les cuisses. Mes talons se rebellent sous la chaleur, et je lance quelques ruades.

Le bruit est assourdissant, sans doute la ville fantôme qui s'écroule sous les assauts d'une tempête. Je visualise dans ma tête le saloon qui vacille un moment et qui tombe.

Des mains sur moi, des voix qui me parlent en russe. Ce doit être le dernier spasme de *La Belle de Moscou* avant de disparaître.

Je n'ai plus la force de lutter, je les laisse m'emmener de l'autre côté. Tant pis, je resterai. Le pont s'écroule derrière moi dans un vacarme de carton. Je ne savais pas que le carton pouvait faire autant de bruit.

Les voix insistent, douceureuses, elles cherchent à me tirer de mon engourdissement. Illusion suprême, je crois sentir de l'eau sur mon visage. Puis le monde se met à tanguer bruyamment.

Finalement, intriguée, je me décide à soulever mes paupières. Je les referme aussitôt, la lumière me brûle. Une main calleuse dépose des lunettes sur mon nez, ce sont des lunettes de soleil. Je le découvre en rouvrant les yeux. Un homme est penché sur moi, il me sourit. Dans un français mâtiné d'un fort accent russe, il dit :

— Bonjour, madame Carette, vous êtes libre.

Libre ? Libre ?

Je regarde autour de moi. Je suis dans une espèce d'ambulance. Le moteur tourne, mais nous n'avons pas encore bougé.

Cyd est là, dans sa robe verte de la scène du café, dans *Singing in the rain*. Elle esquisse un léger sourire énigmatique, en aspirant dans un long fume-cigarette en ébène brillant. Elle me souffle la fumée au visage, le tabac est fort, et parfumé.

Elle me dit :

— Bye bye baby.

Et se dissout dans la lumière du jour.

C'est idiot, ce sont des paroles de chanson de Marylin dans *Les hommes préfèrent les blondes*. Cyd mélange tout.

Il n'y aura pas de 275e jour.

Il n'y aura plus que ma vie.

Et Caroline…

Les clowneries d'Amélie

Amélie Duclaux n'avait rien d'exceptionnel. C'était une jeune fille tout à fait ordinaire, sans histoire. Son physique était plutôt ordinaire aussi, un cran au-dessous de ses camarades. Amélie devait déployer beaucoup d'efforts, et dépenser beaucoup d'argent pour discipliner ses cheveux, garder la silhouette fine de rigueur et avoir les accessoires vestimentaires indispensables à toute adolescente. Heureusement, ses parents n'étaient pas avares, et lui donnaient tout l'argent qu'elle demandait. Ils avaient un regard attendri pour son application à devenir ce qu'elle n'était pas. Quelle meilleure preuve de la réussite de leur éducation que cette volonté de dépasser ses propres limites ?

Bien sûr, une âme peu charitable aurait pu la décrire comme terne, mais une telle noirceur ne se faisait pas dans le monde d'Amélie, Dieu merci !

Elle habitait un ancien village de vignerons colonisé dans les années 80 par les professions libérales, les professeurs et tous les gens aisés pressés de fuir la ville pour un pseudo retour à la nature. Ils avaient racheté, retapé, transformé à grands frais toutes les maisons du village, et vivaient maintenant entre eux. Pas un seul habitant qui touche une prestation sociale de quelque forme que ce soit. Au grand plaisir du maire, lui-même kinésithérapeute à la retraite, et qui comptait bien que rien ne change dans son petit paradis.

Il y avait des personnels d'entretien qui faisaient reluire les moindres recoins pendant que les femmes faisaient leur tennis. Des nourrices à domicile qui s'occupaient des enfants pendant que les mères papotaient chez le coiffeur. Des jardiniers qui faisaient des miracles avec les pelouses et les fleurs pendant que les maris jouaient au golf. Des cuisinières qui mettaient des viandes à mariner pour le barbecue dominical autour duquel les pères vitupéreraient après le gouvernement. Mais tout ce petit monde rentrait bien sagement dans sa cité le soir, laissant les gens de bonne compagnie savourer la tranquillité chèrement acquise.

Amélie avait grandi comme les autres enfants du village, en suivant la route tracée pour elle. Danse à quatre ans, éveil musical à cinq ans, solfège et piano à six ans, poterie à sept ans… Et comme les autres, séance hebdomadaire chez le psychologue à partir de huit ans. La seule exigence était l'excellence. Si les enfants s'y pliaient, alors la liberté était totale, et rien ne leur était jamais refusé, dans la limite de la bienséance. Argent de poche, jouets, consoles de jeux, ordinateur dernier cri, scooter, vêtements, fêtes... Il suffisait de demander pour obtenir. En contrepartie, Amélie travaillait dur, pour être dans les meilleures d'une école qui ne connaissait pas l'échec. Le moindre soupçon de faiblesse ou de difficulté signalées par la maîtresse mettait en branle le système parental : répétiteur, étudiante pour l'aide aux devoirs ou orthophonie.

Ainsi Amélie avait grandi, dans la douceur ouatée de son cocon magnifique, sans heurts et sans révoltes. Peut-être certains soirs, en descendant du bus qui la ramenait du lycée, avait-elle quelque nausée au spectacle de la place du village. Toute cette fadeur sucrée dans les façades des maisons ! Elles rivalisaient de teintes pastel, transformant le village en rêve de conte de fées.

Mais après tout, tout le monde y trouvait son bonheur. Il y avait même un peintre et un écrivain qui vivaient là, apportant l'alibi culturel qui manquait, l'imagination que les autres habitants n'avaient pas. Et juste assez d'excentricité feutrée pour donner l'impression de s'encanailler.

Les parents s'enorgueillissaient d'avoir su éviter à leurs enfants tous les problèmes de la jeunesse dorée issue de la bourgeoisie. Dans le village d'Amélie, pas de drogues ni d'alcool, pas de comportements délinquants. La pire bêtise d'Amélie avait été de sécher une leçon de violon pour aller embrasser son voisin dans les bois, lorsqu'elle avait quatorze ans, c'est dire !

Mais un matin, Amélie Duclaux passa de l'autre côté, du côté de ceux qui dénotent, qui déraillent, qui dérangent. C'était un beau matin de fin d'hiver, froid et sec. Le soleil venait de se lever, mais la maisonnée bruissait déjà des multiples allées et venues d'un jour de semaine. Les parents et les sœurs d'Amélie s'attablaient pour le petit-déjeuner quand elle fit son apparition, un de clown en plastique sur le nez. Cela fit rire toute la famille. Quelle meilleure façon de commencer la journée que de rire un bon coup ?

Mais Amélie garda le nez tout au long du petit-déjeuner, et, pour autant que les autres puissent en juger, tout au long de la journée, puisqu'elle rentra avec. D'ailleurs, le téléphone ne tarda pas à sonner après que son père fut arrivé. Le conseiller d'éducation du lycée tenait bien à signaler à monsieur et madame Duclaux que le comportement d'Amélie toute la journée avait été pour le moins déroutant. Malgré les demandes et les menaces, elle avait refusé de quitter son nez, et l'administration avait bien été forcée de réagir en lui donnant une retenue pour le mercredi suivant. Amélie affronta ses parents, le nez bien en vue, sans répondre. Ce ne fut que quand son père essaya de lui arracher le morceau de plastique qu'elle fit entendre sa voix. Et ce fut pour hurler si fort qu'il abandonna, pensant que la nuit lui porterait conseil, et que toute cette agitation serait finie le lendemain.

— Il faut bien que jeunesse se passe, rassura-t-il sa femme, avec un bon sourire. Mais au fond de lui, il était troublé. Il avait eu la nette impression que cette fofolle d'Amélie avait collé le nez de clown sur son visage.

Le lendemain, bien sûr, l'ambiance était indubitablement moins joyeuse quand Amélie montra le bout de son nez rouge. Mais personne n'osa rien dire, puisque personne ne savait quoi dire. Et Amélie repartit au lycée, son appendice nasal ainsi affublé.

Dans les semaines qui suivirent, de nombreuses entrevues eurent lieu entre parents et professeurs, parents et docteurs, docteurs et professeurs, doctes vieillards et bonnes sœurs. Aucun n'y comprenait rien. La presse ayant été prévenue, tout le pays eut bientôt connaissance de cette bizarrerie dans ce petit coin de la France :

une jeune fille de dix-sept ans se voit pousser un nez de clown. Ce qui étonnait le plus la faculté était que ce nez était en plastique ordinaire, mais que malgré tout il semblait s'être soudé au visage d'Amélie. Elle avait fini par avouer l'avoir elle-même posé sur sa figure dans un moment d'égarement, mais ne s'expliquait pas pourquoi il s'était ainsi incrusté.

Elle n'aurait jamais avoué néanmoins le plaisir qu'elle trouvait à toute cette histoire. Chaque matin, devant ses parents, elle tirait sur le nez du mieux qu'elle pouvait pour vérifier s'il n'aurait pas enfin décidé de la lâcher. Mais elle espérait secrètement qu'il resterait bien collé. Et chaque matin, le nez restait en place, grossissant légèrement chaque jour, jusqu'à atteindre la taille d'une orange.

Amélie dut se soumettre à toutes sortes de tests médicaux, à l'imposition des mains de multiples guérisseurs, et même à la visite du curé de la paroisse ! En vain.

Un jour, le proviseur demanda à la voir avec ses parents.

— Je vous ai, hum, convoqués, pour vous annoncer qu'en accord avec le recteur, l'établissement, hum, a décidé de ne plus accueillir Amélie pour une durée indéterminée.

En effet, son cas relève, hum, de la médecine ou, hum, de la   psychiatrie. Mais certainement pas, hum, de l'éducation nationale. Dès qu'auront cessé les, hum, clowneries d'Amélie, nous serons ravis de la revoir parmi nous.

— Clowneries ?   Clowneries !,   s'indigna madame Duclaux. Mais   enfin,   monsieur   le proviseur, nous vous avons tenu informé de toutes nos démarches, vous avez constaté les résultats ! Vous savez qu'Amélie n'y est pour rien, qu'on ne peut pas enlever ce fichu nez ! Elle n'a qu'à venir voilée, et on ne le verra plus.

— Voilée ? Mais vous n'y pensez pas, chère madame ! Dans le contexte actuel, et vu la susceptibilité des, hum, minorités, nous ne pouvons nous permettre le moindre signe religieux ostensible…

— Ostensible   mon   cul,   hurla monsieur Duclaux. Vous n'allez pas prétendre maintenant que ma fille est la fondatrice d'une nouvelle religion ? Allez fichons le camp, et laissons cet imbécile finir de confire dans sa bêtise.

Et ils sortirent du bureau, madame Duclaux pleurant, et Amélie riant sous cape.

Pas de doute, c'était bien la première fois qu'elle entendait un juron dans la bouche de son père.

Comme le proviseur habitait le même village qu'eux, l'affaire s'ébruita, et le beau vernis de paradis ne tarda pas à se craqueler. Quand Amélie entrait à la boulangerie, les conversations s'arrêtaient et les regards se détournaient. Les matches de tennis de sa mère étaient tous annulés les uns après les autres, sous des prétextes idiots. Plus aucun garçon ne téléphonait à ses sœurs. Le cabinet de son père, qui d'habitude ne désemplissait pas, manqua soudainement de patients.

Toute autre qu'Amélie aurait commencé à regretter ce nez, à faire montre de remords pour ce geste inconsidéré. Mais Amélie ne disait toujours rien, Amélie attendait. Elle guettait le moindre signe de colère chez les membres de sa famille.

Les voisins si gentils et souriants d'ordinaire, se transformèrent peu à peu en hideuses gargouilles, murmurant puis criant leur rejet. Ils jetaient des pierres à Amélie, faisaient parvenir des pétitions à ses parents. Le maire en personne vint un soir déclarer que leur présence déshonorait sa commune, et qu'il serait bienvenu de se chercher un nouveau logis. Les amis d'hier n'avaient pas assez de mots pour décrire leur haine. Les Duclaux étaient coupables d'avoir attiré l'attention du monde sur leur coin de paradis, et d'avoir dérogé à toutes les règles de bienséance en laissant ainsi défigurer leur fille.

Alors, de guerre lasse, ses parents se décidèrent à déménager, écœurés.

Ils trouvèrent un appartement de dépannage dans un immeuble du centre de la grande ville proche, un logement social comme on dit.

Bruits, odeurs, couleurs, tout semblait différent. Et personne ne prêtait d'attention particulière à Amélie, en dépit de son excroissance de plastique.

Quelques semaines plus tard, de lui-même le nez tomba. Madame Duclaux ne dit rien, se contenta de serrer très fort sa fille contre elle. Cette étreinte s'interrompit quand la sonnette de l'entrée retentit. C'était la voisine, une Malienne sombre au sourire adorable.

— Dimanche, c'est la fête du quartier, et tout le monde va défiler déguisé. Vous pourriez venir, si vous n'avez pas peur du ridicule.

Monsieur et madame Duclaux, Amélie et ses sœurs manquèrent s'étrangler tant ils riaient.

Enfin, monsieur Duclaux, entre deux hoquets réussit à déclarer :

— On viendra, ne vous inquiétez pas, le ridicule, on connaît, il ne tue pas.

La vilaine petite cane

Le vent glacial battait le pavé, rôdant à la recherche de victimes à propulser contre les murs : papiers, sacs plastiques, feuilles mortes. La jeune femme avançait, luttant contre les bourrasques qui prenaient plaisir à rabattre ses cheveux sur son visage. Elle déplaçait péniblement sa silhouette lourde dans les rues inhabituellement désertes. Elle maugréait à mi-voix contre sa propre bêtise, qui l'avait poussée ce matin à chausser des escarpins à talons, dans une tentative naïve et désespérée de s'embellir. Les chaussures l'avaient mise à la torture toute la journée, comprimant ses orteils et lui donnant une démarche hésitante d'oie mal réveillée. Et maintenant, à près de vingt heures, à l'issue de douze longues heures de travail, elle avait l'impression d'avoir deux morceaux de chair à vif à la place des pieds. Dans un sens, ça n'était pas plus mal, cela lui permettait d'oublier qu'elle n'avait pas su refuser à M. Grimaud, son chef, les quatre heures supplémentaires – bien évidemment non payées - qu'il avait exigées d'elle ; d'oublier la nuit tombante et le froid piquant ; d'oublier ce qu'elle avait encore dû subir aujourd'hui de la part de ses collègues.

Soufflant fort pour se remettre de l'effort qu'elle venait de fournir pour arriver jusque-là, elle se laissa choir avec délice sur le banc de l'abribus. L'abri brillamment éclairé faisait comme une bulle de confort, un îlot la plaçant hors d'atteinte du monde et de ses vicissitudes.

Elle laissa son esprit vagabonder, revenir sur la journée écoulée.

Une fois de plus, elle avait été la risée de tout le service, simplement parce qu'elle avait essayé de mettre un peu de rouge à lèvres dans le bus en allant travailler. Et avec sa maladresse coutumière, il avait fallu qu'elle trouve le moyen de s'en faire une grosse traînée sur le côté de la bouche ! Et bien sûr, les saletés de la comptabilité l'avaient vue passer, l'avaient saluée, mais pas une ne l'avait prévenue.

Elle avait ainsi traversé tout l'étage, consciente que quelque chose ne tournait pas rond, mais sans deviner quoi. Et évidemment, M. Grimaud ne l'avait pas ratée. Il s'était moqué d'elle à haute voix, provoquant une multitude de rires étouffés. Elle avait beau savoir que son comportement envers elle ne dénotait rien de personnel, qu'il s'agissait d'un moyen pour lui d'asseoir son autorité, ça ne rendait pas les choses plus faciles. Eût-elle été belle, fine, élégante, il se serait trouvé quelqu'un pour lui dire que son rouge débordait dès son entrée dans le bâtiment.

Eût-elle été ainsi, elle n'aurait même pas raté son application !

Les parois de l'abribus lui renvoyaient sa propre image, floue, mais encore trop réelle. Elle se voyait, mal fagotée, la cheville épaisse, le cheveu terne et emmêlé, les traits grossiers. Son gros manteau d'hiver ne parvenait pas à cacher le manque de finesse de son corps, la chair flasque qui pendait un peu partout.

Elle soupira, le regard fixé vers son reflet. Elle maudit M. Grimaud, elle maudit les filles de la compta, elle maudit sa mère qui continuait à la gaver et à l'entourer de son affection alcoolisée, elle maudit le monde entier !

Elle se leva et affronta la paroi de verre en face d'elle. Elle s'approcha et laissa son visage se confondre peu à peu avec celui de la jeune beauté dénudée vantant les mérites d'un gel douche. Les larmes commencèrent à couler, brouillant toute image.

Un gémissement animal lui échappa.

Soudain, elle prit conscience de ne plus être seule.

Un homme venait de la rejoindre sous l'abri, un homme incroyablement beau, à l'allure léonine. Tout en lui était hautement improbable : ses vêtements visiblement coûteux, mais qui semblaient d'une autre époque, la luxuriance impressionnante de sa chevelure charbonneuse, son teint pâle à l'extrême dans un siècle où le bronzage fait foi, ses longues mains racées aux ongles manucurés. Jusqu'à ses chaussures dont le cuir odorant paraissait vivant. Elle coulait des regards intrigués vers lui, ses larmes oubliées terminant leur course sur la laine de son manteau. Quelque chose d'indéfinissable l'attirait vers lui, quelque chose d'aussi fort et d'aussi affolant que ce qui pousse les phalènes vers les lanternes des jardins.

Il dut sentir l'intérêt dont il était l'objet, puisqu'il finit par tourner la tête vers elle. Ses prunelles noires abritaient quelques flammèches dorées qui dansaient autour de sa pupille, avec un pouvoir hypnotique singulier. Les membres de la jeune femme étaient devenus inutiles, mous. Elle ne pouvait plus bouger, plus rien faire que contempler ces iris incroyables.

Puis il sourit, rompant pour un temps l'emprise de ces yeux. Sa bouche s'ouvrit largement sur deux rangées de dents aussi parfaites que les dents de lait d'un enfant. Blanches, régulières, exception faite des canines plus pointues et proéminentes que les autres. Mais loin de gâcher l'ensemble, ces deux dents donnaient à l'homme un charme supplémentaire, comme si ce côté carnassier venait viriliser à outrance les aspects plus féminins de sa mise.

Elle sourit à son tour, hésitante, car quelles chances pouvait-elle avoir, elle si laide et insignifiante, de séduire un tel homme, qui transpirait la sensualité par chaque pore de sa peau ?

— J'ai faim, dit-il. J'ai faim, et je cherche une compagne. Tu es déjà à moi. À toi de voir à quoi tu me serviras.

Sa voix envoûtait la jeune femme, qui plongea à nouveau son regard dans le sien. Elle crut se sentir happée vers un territoire inconnu. Des pensées confuses, des images incroyables se heurtaient à l'intérieur de son crâne. Pendant plusieurs minutes, elle ne fut qu'esprit, reliée à celui de l'homme par un fil invisible. Les ondes d'un plaisir insoupçonné la traversèrent, tandis qu'il lui faisait visiter l'éventail des possibles si elle choisissait de devenir sienne. Elle vit ce que ce serait sa vie, entre bonheur absolu et cache-cache avec le soleil.

Il ne lui dissimula pas ce que cette vie aurait de solitaire et de damné. Il lui montra tout de son cœur et de ses attentes.

Lorsqu'enfin il relâcha son esprit, elle tomba accroupie sur le sol, étourdie. Elle allait devoir prendre la décision la plus importante de toute son existence. Elle compara les images de fêtes, de débauches, de chasses qu'il venait de lui dévoiler à celles de sa vie certes vertueuse, mais ô combien ennuyeuse ! Et quand son esprit lui montra le visage de M. Grimaud, elle sut que sa décision était irrévocablement prise. Elle autoriserait l'homme à lui donner ce baiser qu'il désirait tant. Le risque était grand. Si le goût de son sang ne lui convenait pas, il la laisserait mourir là, comme une chienne, exsangue. Mais la promesse des félicités qu'elle connaîtrait si elle lui convenait dépassait sa prudence habituelle.

Elle se redressa, ouvrit lentement les premiers boutons de son manteau, puis le col de son chemisier, dévoila un cou blanc et dodu qu'elle tendit vers l'homme, puis ferma les yeux.

Il observa longuement les cils qui battaient, la veine qui pulsait devant lui, les narines qui se pinçaient sous l'effet de l'adrénaline.

Il se pencha et mordit amoureusement dans la veine palpitante au moment où le premier coup de tonnerre retentit dans la rue sombre. Quand les premières gouttes du nectar envahirent sa bouche, il sut qu'il ne s'était pas trompé.

Cette fille avait le goût d'une grande reine de la nuit. Il suffisait qu'il l'aide à révéler la femme sensuelle et irrésistible qui vivait en elle, à se débarrasser de la chrysalide infâme dans laquelle elle végétait depuis si longtemps.

Accompagné du crépitement sonore de la pluie, il but, but, tout en lui transmettant sa propre immortalité et la salive qui passait dans ses artères amorça la transformation.

Sans lâcher la veine, il la souleva dans ses bras, et l'emporta loin de l'abribus. La pluie les trempa rapidement tous les deux, mais il n'en avait cure, trop concentré sur son œuvre.

Il l'emmena chez lui, la mit à nu, et regarda l'ancestrale magie à l'œuvre. Peu à peu, les traits se raffermirent, la graisse envolée. Le grain de la peau se resserra. Le corps adipeux et mal proportionné se transforma en quelques heures pour laisser place à la silhouette de naïade dont elle avait toujours rêvé. Les cheveux s'épaissirent et ondulèrent sur le lit tels des serpents voluptueux. Pour hâter les choses et parfaire le résultat, il entailla une de ses propres veines, et aspergea le corps nu. Le sang giclait par vagues, au rythme de son cœur, un rythme de plus en plus rapide, tant son excitation était grande.

Enfin, épuisé, il poussa un cri et se laissa tomber dans un fauteuil et attendit.

Elle ouvrit les yeux, et se leva, impériale, d'une beauté à couper le souffle.

— J'ai faim. Quelle heure est-il ?

— Il est quatre heures, ma douce.

La lèvre supérieure de la femme se souleva en une ombre de sourire, il devinait la dent brillante et pointue.

— Alors, allons rendre une petite visite à M. Grimaud, un ami à moi. Il ne refusera pas de nous servir à manger, j'en suis sûre…

Et la chasse commença, éblouissante.

Dans la vallée

De prime abord, on pourrait croire la forêt complètement silencieuse sous l'épais manteau blanc. Mais chaque fois que Jeanne s'arrête quelques minutes, adossée à un tronc pour se reposer, elle entend tous les bruits que son souffle laborieux lui cache lorsqu'elle chemine.

Le bruissement des ailes d'un hibou qui se débarrasse des flocons. Le trottinement d'une musaraigne qui regagne son logis à la hâte. Des paquets de neige qui dégringolent des arbres. Les mille et un bruits de dame nature, que même l'hiver ne parvient pas à dompter.

Jeanne marche depuis une bonne heure, et elle n'en peut déjà plus. Le jour doit être en train de se lever, mais les arbres touffus bloquent la clarté du jour, qui n'arrive pas jusqu'à elle. Il lui reste encore plusieurs lieues avant de sortir de la forêt et de voir les maisons de son village natal en bas de la colline.

Ses bottines en cuir souple et épais, cadeau de Bertrand le jour de leurs épousailles, lui tiennent bien chaud, mais ne l'empêchent pas de s'empêtrer dans les tapis de ronces qui ont envahi le sentier par endroits. Ses jupes se prennent aux jeunes arbres et ça sera miracle si elle ne s'en tire pas avec quelque accroc qu'il lui faudra repriser.

Bertrand ne voulait pas qu'elle s'aventure ainsi dans les bois, seule, alors que le jour n'avait pas encore point. Même si de mémoire d'homme, cette forêt ne contient plus ni ours ni loups, cela restait un périple ardu pour une femme dans sa condition. Il lui avait demandé d'être raisonnable, d'attendre quelques jours pour pouvoir se rendre chez ses parents dans la carriole de monsieur le curé, lors de son circuit hebdomadaire dans tous les villages de la vallée. Certes, son trajet était plus long, puisqu'il contournait les bois, mais au moins elle aurait été assise, emmitouflée dans la peau d'ours que le curé partageait volontiers avec ses compagnons de voyage.

Jeanne avait failli céder, l'idée de cheminer de bon matin, à son aise, à converser avec ce brave homme était tentante. Il était bonhomme, et bien moins méprisant pour les paysans que son prédécesseur. Il avait toujours de bonnes histoires à raconter, et était tellement bavard qu'il ne s'offusquait jamais de la propension au silence de Jeanne. Et puis, à chaque arrêt, il y avait un morceau de pain et un verre de cidre âpre que les paysans offraient au curé et à ses compagnons.

Mais cela supposait de manquer la cérémonie, et cela il n'en était pas question.

Elle s'était entêtée, refusant pour la toute première fois de se plier à la volonté de son époux. Il avait soupiré et l'avait laissée faire à son idée, n'exigeant que son accord de ne pas se surcharger du panier de victuailles qu'elle avait préparé à l'intention de ses frères et sœurs. Le curé le porterait à son prochain passage. Il l'avait accompagnée jusqu'à l'orée des bois, après l'avoir recouverte de plusieurs épaisseurs de lainages. Il l'avait regardée partir, avant de lui-même se rendre au château pour ses corvées d'hiver.

Jeanne commence à regretter son acharnement, le froid vif lui brûle les poumons et l'enfant dans son ventre proteste vigoureusement contre cette marche éreintante.

Une fois à destination, elle sait qu'elle ne pourra pas s'asseoir et se reposer devant l'âtre et son feu pétillant, revigorée par un bon bol de soupe de sa mère, les petits piaillant gaiement autour d'elle.

Elle va arriver au village, et se rendre directement au cimetière pour y enterrer sa mère. Vu les gelées de ces dernières semaines, la terre va être dure comme l'acier, et il va être fort ardu de creuser un trou. Jeanne gémit à l'idée de rester des heures debout dans le froid à attendre qu'enfin le cercueil soit mis en terre, en réconfortant sa famille.

Les pauvres petits doivent être perdus sans la présence de leur mère. Et ce n'est pas le père qui va les consoler ! Il va seulement maugréer contre la soupe pas préparée et ses braies pas ravaudées.

Jeanne caresse son ventre en marchant, sans même en avoir conscience. C'est son premier petit, qui devrait naître aux alentours de la Saint-Germain. Sa mère a enfanté quatorze fois, et a perdu huit enfançons. Certains de maladies, d'autres de faim, et un qui s'est noyé dans un torrent de la montagne.

Jeanne frémit à l'idée de perdre cet enfant qu'elle aime déjà de toute son âme.

Des six enfants restants, Jeanne est l'aînée. Elle s'était jurée de ne point se marier, de demeurer avec sa mère et de l'aider dans ses tâches.

Mais le père l'entendait d'une autre oreille. Eût-elle été un garçon que les choses eussent été différentes. Mais de son état de fille découlait comme une évidence son manque d'intérêt et de valeur : une bouche de plus à nourrir, voilà comment son père la voyait. Alors qu'un mariage bien choisi…

Elle avait pu reculer l'échéance jusqu'à ses dix-sept ans. Mais quand Bertrand s'était présenté un matin, ayant ouï dire que la fille de Michel était d'une grande beauté et habile couturière, le père s'était frotté les mains.

Une vache, trois moutons, deux pièces de tissu et quatre écus en dot, c'était bien plus qu'il avait pu espérer !

Les prières et supplications de Jeanne à son retour du lavoir n'avaient rien donné. Il était fermement décidé à la céder à Bertrand comme une poule sur le marché.

Jeanne savait qu'en ces temps de disette, après trois années de récoltes gâchées par des froidures hors de saison, une telle offre ne se refusait pas. Ce qu'elle en pensait importait peu. Elle avait dû se résoudre à épouser ce parfait inconnu, sans même l'avoir vu.

Elle était partie de chez elle, quittant tout ce qu'elle connaissait, l'univers rassurant de son petit village pour rejoindre Bertrand. La noce s'était tenue dans le village des parents de son promis, où il avait bâti de ses propres mains une maison confortable et solide, attendant qu'elle soit achevée pour prendre femme. Dieu qu'il lui paraissait vieux et impressionnant du haut de ses vingt-cinq ans !

C'était le fils de l'intendant du château, et à ce titre, bien plus à l'aise que la famille de Jeanne.

Sa mère lui avait expliqué à mots couverts ce qui allait se passer durant la nuit de noces, lui recommandant de serrer les dents et de se laisser faire, même si son époux se montrait brutal. Jeanne avait vu bien des animaux s'accoupler, et elle avait maintes et maintes fois entendu ses parents quand ils pensaient que les enfants dormaient sur leurs paillasses.

Elle avait entendu les ahanements bestiaux du père, les gémissements de douleur de sa mère. Et ses pleurs étouffés une fois le père assoupi.

Tout ce qui concernait le mariage lui semblait empreint de violence et de souffrance. Son père n'était pas mauvais bougre, mais il lui semblait normal de corriger sa femme d'une bourrade ou d'un coup de poing dans les reins si quelque chose lui déplaisait. Et les hurlements maternels à chaque naissance, ces cris qui résonnaient dans sa tête. Son regard parfois si vide, et son corps usé.

Le père ne touchait jamais vraiment les enfants, et Jeanne se rappelait ses larmes de chagrin au trépas de chacun des bébés.

Et son angoisse lorsqu'à la Noël précédente sa mère avait attrapé une méchante grippe dont tout le monde avait cru qu'elle trépasserait.

Et voilà qu'un an plus tard, elle était morte, discrètement dans son sommeil, comme pour ne pas déranger. Trente-cinq ans et une allure de vieille femme.

Nul doute que le père chercherait bien vite à la remplacer, pour avoir quelqu'un qui tiendrait sa maisonnée, une souillon ramassée dans le ruisseau, suffisamment affamée pour accepter de s'occuper de cinq enfants. Jeanne ne pouvait qu'espérer que la marâtre serait bienveillante envers les petits.

Bertrand s'était montré d'une douceur exemplaire dès le premier jour, ne la forçant pas, prenant le temps de l'apprivoiser. Comme on prendrait le temps de rassurer une pouliche inquiète et frémissante avant de la monter.

Il l'avait longuement caressée et embrassée des heures durant. À chacun de ses gestes, il effaçait la violence paternelle par l'affection et la tendresse. Il lui faisait des chatteries, et, sécurisée, elle avait fini par s'habituer, et goûter le contact de ce grand corps d'homme sur elle. Et même, certains soirs, elle désirait qu'il vienne et réclame son corps, déçue s'il s'endormait sans la toucher.

Il lui offrait des présents sans raison, un bouquet de fleurs sauvages ramassé à son retour des champs, un ruban acheté à un colporteur, un faisan embroché par une flèche, un pot pour sa cuisine, un onguent de beauté échangé au marché contre une peau de lapin.

Il l'appelait ma princesse, ma beauté, mon trésor.

Il lui apprenait à lire la Bible, à écrire son prénom et le sien, riant de bon cœur quand elle se trompait. Un bon rire franc et sans malice.

Cet homme qu'elle avait décidé de haïr de toutes ses forces, par principe, elle en était venue à le respecter, à se dire que sa vie avec lui était une belle et bonne vie.

Finalement, ce petit qui pousse dans son ventre, et qu'elle ne voulait pas, elle est heureuse maintenant qu'il soit là. Nul doute que Bertrand sera fou de joie quand il le prendra dans ses énormes mains. Il avait déjà une telle lumière dans le regard lorsqu'elle lui a annoncé qu'elle attendait un enfant. Depuis, il redouble d'attentions pour elle, endossant une partie de son labeur sur lui, pour qu'elle ne se fatigue pas trop et qu'elle se repose le plus possible.

Ils en avaient parlé, et Bertrand était d'accord pour essayer de ne pas avoir une trop grande famille. Il lui avait caressé la joue gentiment :

— Je ne veux pas t'abîmer, ma Jeanne, avec trop d'enfantements. Le Seigneur m'est témoin que je t'aime trop pour te voir mourir en couches, ou te voir usée par trop de petits accrochés à tes mamelles.

Jeanne avait souri, et retenu les mots doux qui lui venaient. Mais juste par habitude. Un jour prochain elle laisserait son cœur parler à cet homme qu'elle n'a pas choisi, mais auprès de qui elle souhaite vivre le reste de ses jours.

Toute à ses pensées, Jeanne avance. La forêt est moins dense, la lisière est proche, signe que dans moins d'une demi-heure, elle sera arrivée à destination. La neige tombe moins dru, le pire de la tempête est passé.

Une larme solitaire coule et gèle avant d'avoir atteint sa bouche.

Un sanglier farfouille dans le sol à la recherche de quelque nourriture. Le pas alourdi de Jeanne fait craquer des brindilles et l'animal relève le groin, inquiet, prêt à détaler. Il regarde la femme au ventre rond s'éloigner et retourne à ses occupations.

Une pie jacasse sur la branche d'un chêne et un soleil timide fait son apparition au moment où Jeanne surgit des bois.

L'enfant donne un coup de pied, et Jeanne sourit.

Le mystère Félicien Desbois

Félicien Desbois était une petite personne très ordinaire, ce genre d'hommes que l'on a besoin de voir plusieurs fois avant d'en mémoriser à peu près les traits. D'ailleurs, au collège Marie-Curie où il officiait en tant que concierge et homme à tout faire, tout le monde le connaissait, mais plus d'un aurait été bien en peine de le reconnaître dans ses habits du dimanche, l'eût-on croisé dans les rues du village. Quand il se rendait dans un commerce, les vendeurs marquaient un temps d'hésitation certain avant de le saluer d'un « Bonjour, monsieur Desbois » chaleureux. De l'aveu même de Félicien, le moment le plus palpitant de sa tranquille existence remontait à ses douze ans, soit quarante ans en arrière. En promenade avec son institutrice un jour de fin d'hiver, il avait repéré un écureuil en difficulté au milieu d'un ruisseau bouillonnant de la fonte des neiges. L'animal semblait engourdi, par le froid ou par la sortie de son hibernation, et était coincé sur une roche. Il avait probablement chuté depuis une branche du gros chêne ventru qui surplombait le ruisseau. N'écoutant que son courage, Félicien avait sauté dans l'eau glaciale pour recueillir la bête frissonnante de peur dans son chandail et la ramener sur la terre ferme. Le rhume carabiné qui l'avait cloué au lit valait l'aura d'héroïsme qui l'avait suivi jusqu'au certificat d'études.

La mort soudaine de Félicien Desbois, trouvé allongé un matin sur le pas de sa loge, était surprenante, mais ce sont des choses qui arrivent. Félicien n'était pas avare de sa peine et de son temps, et une crise cardiaque dans la force de l'âge n'avait rien d'exceptionnel.

Non, ce qui posait problème, c'est ce que Félicien laissait derrière lui, qui avait plongé tout le collège dans la plus intense perplexité. En effet, le testament stipulait que la totalité des biens de Félicien devait revenir au collège pour agrandir et moderniser la salle informatique. Le concierge adorait fureter dans la salle pendant les cours sous un prétexte ou un autre, et voir les doigts déjà agiles des élèves voleter au-dessus du clavier à une vitesse folle. Il aurait aimé savoir se servir de l'outil, par curiosité bonhomme. Rien d'étonnant par conséquent à la formulation de ses dernières volontés.

— Le brave homme, avait ricané monsieur Darjoul, le principal, à la lecture du testament auquel le notaire l'avait convié, avec son salaire de concierge, une fois retirée la ponction de l'état, le collège aura sans doute de quoi se payer quelques logiciels.

La mine sévère du notaire l'avait rappelé à l'ordre. La plus grande surprise fut la somme annoncée : tous frais déduits, Félicien laissait au collège l'imprévisible somme de 496 232,28 €. L'argent serait versé à l'agent comptable du collège quelques mois plus tard, dès les tracasseries administratives terminées. Le notaire avait enjoint à monsieur Barjoul de commencer à dessiner des plans pour la salle informatique, en attendant la manne providentielle.

Ainsi, quinze jours après la funeste découverte du cadavre raidi de Félicien, un grand mystère monopolisait toutes les conversations au collège, puis, après quelques fuites, toutes les conversations du bourg.

Pour accueillir le nouveau concierge, car, quels que fussent les sentiments aimables que l'on portait à monsieur Desbois, il fallait bien que l'établissement continue à fonctionner, n'est-ce pas ? On s'occupa de vider la loge de ses effets personnels. Monsieur Barjoul s'en chargea, secondé de l'économe, madame Rougié. L'inventaire des affaires de Félicien ne prit qu'une demi-journée. L'homme menait une vie frugale, exempte de toute passion coûteuse. Le principal retrouva dans une armoire une pile de neuf blouses grises, impeccablement pliées et dont le tissu rêche craquait sous les doigts. Chaque année, à la rentrée scolaire, l'administration fournissait à Félicien une blouse neuve, dont il prenait un soin maniaque, allant de toute évidence jusqu'à réussir à les économiser d'une année sur l'autre.

Madame Rougié se piquait d'être détective amateur. Elle participait chaque été à des semaines « mystère » où il s'agissait d'élucider un crime à la façon des romans d'Agatha Christie. Elle ne désespérait d'ailleurs pas d'y entraîner un jour monsieur Barjoul et de voir naître à cette occasion les prémisses d'une idylle académiquement correcte. Elle proposa au principal d'éplucher avec ardeur tous les papiers du concierge pour essayer d'identifier la provenance de l'énorme fortune qu'il laissait derrière lui.

En salle des professeurs, elle trouva rapidement de l'aide en la personne de Franck Matois, professeur de mathématiques unanimement respecté de tout le corps enseignant depuis qu'il avait réussi à inculquer quelques notions d'algèbre à une 5^{e}B de triste mémoire. Après deux jours de savants calculs, le professeur afficha sur le tableau d'informations syndicales un graphique où il démontrait que, quand bien même Félicien aurait économisé l'intégralité de son salaire tout au long de sa vie, il n'aurait jamais pu prétendre arriver à mettre de côté une telle somme. Il conclut par une métaphore audacieuse :

— Il nous faudra donc chercher d'autres sources à cette fontaine monétaire.

Son raisonnement brillant fut accueilli d'applaudissements discrets, mais sincères. Le mystère restait entier.

La vie quotidienne au collège, d'ordinaire routinière, changea brusquement, car tout le monde voulait s'en mêler, et s'attirer une gloriole cocasse en étant celui ou celle qui trouverait la solution. Madame Rougié, qui avait entamé seule la tâche fastidieuse d'exploration des quatre gros cartons de paperasses ramassés chez Félicien, se trouva secondée à chaque récréation de multiples adjoints. On commença par trier les papiers par catégories, sans trop s'y attarder : relevés bancaires, fiches de paye, factures, courrier personnel... En moins d'une semaine, les petits tas nets s'étalaient sur toutes les surfaces disponibles de la salle commune. Les rôles pour l'épluchage systématique furent attribués par monsieur Barjoul, amusé et curieux, et qui comptait bien diriger d'une main de fer les recherches, prouvant ainsi que, même dans des temps incertains (pensez donc ! un simple concierge ! qui l'eût-cru ?), il savait mener sa barque vers des eaux calmes. Quelques grognements retentirent, Franck Matois récupérant la partie que tout le monde convoitait : les relevés de compte. Toute l'équipe pédagogique pensait bien que s'il y avait quelque chose d'un tant soit peu excitant à découvrir, une trace apparaîtrait sur son compte bancaire.

Le professeur de mathématiques dut s'avouer vaincu après sept récréations de recherches intensives, où il rabrouait d'un « chut » irrité et condescendant les conversations chuchotées autour de lui. Les comptes de Félicien étaient d'une platitude morne et d'une régularité absolue depuis l'ouverture de son compte à sa majorité. Aucun retrait louche, aucune recette extraordinaire en quelque trente ans, hormis le dépôt en 1974 de quelques millions de francs ! Monsieur Matois était même allé jusqu'à mener une enquête discrète auprès des commerçants chez qui Félicien avait ses petites habitudes pour essayer de lui trouver des compagnons inconnus ou des rendez-vous ambigus. Cette initiative provoqua un mini-séisme au collège, d'aucuns considérant que le matheux était allé bien au-delà de ses prérogatives.

Mais une fois épluchés, décortiqués, analysés et sondés tous ces morceaux de papier résumant la vie du concierge, il fallut se rendre à l'évidence : le mystère demeurait entier. Pas d'héritage rocambolesque à se mettre sous la dent, pas de contacts équivoques avec de sulfureux individus, pas d'opérations véreuses ou de voyages étranges. L'existence de Félicien restait transparente tout du long, ne devenant d'une opacité effrayante qu'à sa mort. Félicien vivait seul, avait repris la conciergerie à la mort de son père, avait vécu avec sa mère à la loge jusqu'au décès de celle-ci, dix ans auparavant. Il ne s'éloignait jamais d'Aurillac, à part pour quelques excursions avec l'Amicale des Marcheurs, et était probablement mort aussi vierge que la Sainte Mère.

Monsieur Barjoul sentant la grogne monter devant l'incapacité des enseignants à résoudre le mystère, décida de dédier le tableau noir d'une salle de permanence à la recherche d'une explication. Chacun était invité à y noter les hypothèses qui lui venaient à l'esprit, selon le principe du *brainstorming* que le principal avait chipé à la prof d'anglais. Les conjectures les plus folles s'y trouvèrent vite inscrites, jusques et y compris une ténébreuse histoire d'émoluments extra-terrestres pour service rendus (mais l'auteur de celle-ci avait cherché à déguiser son écriture et s'était bien gardé de signer, de peur des foudres barjoulinesques).

La passion montrée par la petite prof d'arts plastiques ne laissait pas indifférent monsieur Matois, qui ne tarda pas à lui proposer des promenades dominicales jusqu'à la tombe du regretté Félicien « pour chercher l'inspiration ».

En ville, les langues s'étaient calmées, faute de carburant, mais le collège restait très énervé. Les élèves, sentant les esprits ailleurs, en profitèrent pour tenter un peu plus de chahut que d'habitude, et les retards du matin augmentèrent en nombre inquiétant. Il était temps pour monsieur Barjoul de déclarer clos le dossier Desbois, et de passer à autre chose, avant que le rectorat n'ait vent de l'agitation déplorable et fort peu pédagogique qui régnait dans l'enceinte de l'établissement. Il organisa donc au début de l'hiver une cérémonie commemorative pour Félicien, rassemblant enseignants, personnel, élèves et parents. Le principal, que tout le monde s'accorda à trouver très inspiré, et que madame Rougié jugea encore plus bel homme que d'ordinaire, prononça un vibrant hommage à l'employé dévoué qui tira quelques larmes aux femmes. Il enjoignit les élèves à considérer le nouveau concierge aussi bien que feu monsieur Desbois, et annonça pour finir d'une voix de tonnerre qu'aucun manquement supplémentaire ne serait toléré sous peine d'exclusion. La compagnie se sépara après quelques petits fours délicieux généreusement offerts par la boulangerie du Centre, et chacun rentra chez soi, non sans quelques taloches vigoureuses de la part de parents excédés par les ricanements irrespectueux de leur progéniture pendant le discours du principal.

Et le calme revint doucement, les premières neiges chutèrent, recouvrant tout d'un voile silencieux. L'enthousiasme retomba peu à peu dans la moiteur des salons surchauffés, et l'on passa à la préparation du voyage à Rome des latinistes au printemps.

La plaque gravée des mots *Félicien Desbois, Concierge* fut arrachée et remplacée par une toute neuve, brillante. Elle indiquait seulement *Concierge*. Mme Rougié, intimidée, avait soumis à monsieur Barjoul cette idée.

— Ce serait en effet plus économique pour le collège, voyez-vous, si toutefois il prenait l'idée incongrue au successeur de décéder aussi.

La nouvelle salle informatique fut construite, remplie et inaugurée pour la fin du printemps, à la rentrée des vacances de Pâques, à la joie de tous. Le mystère de Félicien resta et resterait entier, mais qui s'en souciait ? Le collège avait touché l'héritage, c'était l'essentiel. Et comme l'avait fort justement souligné la documentaliste, férue de philosophie :

— Même si l'origine de l'argent est douteuse ou crapuleuse, au bout du compte, il sert à faire le bien, alors ne rechignons pas !

La prof d'arts plastiques donna naissance à un petit Félicien Matois le jour anniversaire de la mort de monsieur Desbois, mais personne ne fit le rapprochement, la date important peu finalement. Un bien joli nourrisson au demeurant, dont les fossettes charmeuses remplacèrent définitivement dans les esprits la figure fade de monsieur Desbois.

Et l'on aurait pu en rester là, et retourner pour toujours dans la lenteur ennuyée de la vie de province, sans plus jamais accorder à Félicien Desbois la moindre pensée. Mais le destin sait emprunter des sentes pittoresques pour se jouer des hommes. Un livre parut un jour, qui retraçait les actions plus ou moins légales des espions français, depuis les débuts de la guerre froide jusqu'à la chute du mur. C'était un ouvrage assez assommant, trop bavard et assez mal écrit. Mais les gens étant friands d'anecdotes à la James Bond, il connut un succès qu'il ne méritait pas.

Mme Rougié s'empressa de l'acheter, elle achetait tous les livres qui figuraient sur la liste des best-sellers de son magazine féminin favori. Soyons justes avec elle, elle ne se contentait pas de les acheter, mais les lisait bel et bien, et tentait de tous les comprendre, pour pouvoir en parler avec intelligence, au cas où M. Barjoul en eût lu un lui-même et souhaitât en causer.

Au milieu de l'ouvrage étaient insérées une vingtaine de pages de photographies des gens cités. Mme Rougié les regardait plutôt distraitement quand un juron déforma pour la première fois de sa vie sa bouche vermillon. Elle porta aussitôt sa main à ses lèvres, confuse de s'être ainsi laissée aller, bien qu'aucun autre être vivant ne partageât son logis depuis la mort de son Mistigri adoré.

Là ! Accompagné de deux autres personnes, elle venait de reconnaître M. Desbois. Il portait des lunettes noires et un complet fort élégant pour l'époque, certes, mais elle était prête à jurer qu'il s'agissait du bon Félicien. Elle se rendit fébrilement à la page de légende des photos, et crut que son cœur allait s'arrêter de battre quand elle lut *Photo n° 22 : escorté de ses 2 gardes du corps, le chef des services de renseignement de 1965 à 1974, M. Félicien D.*

Mme Rougié en aurait presque crié de saisissement, eût-elle été moins bien éduquée. Dans la famille Rougié, on apprenait à se tenir dès le plus jeune âge, et deux manifestations sonores dans la même soirée eurent été parfaitement inconvenantes, voire même légèrement indécentes.

Mais c'est avec un plaisir non dissimulé qu'elle exposa sa découverte à tout le collège le lendemain. Elle sentait sur elle le regard admiratif de M. Barjoul, mais réussit néanmoins à garder la maîtrise de ses émotions et parvint à aller jusqu'au bout de sa narration. Un silence stupéfait accueillit ses mots, le couple Matois se regardait avec consternation, venant de réaliser qu'ils avaient donné à leur fils le prénom d'une vulgaire barbouze. Les nouveaux venus dans le collège se tortillaient sur leurs chaises pour tenter de soutirer des explications aux anciens, et comprendre qui était ce M. Desbois qui semblait avoir un rapport remarquable avec le collège. Après quelques minutes de discussions passionnées, tout le monde convint qu'il fallait absolument essayer d'en savoir plus. Et, pour son plus grand plaisir, M. Barjoul fut unanimement désigné pour mener une nouvelle enquête.

Il prit contact avec l'auteur par le biais de sa maison d'édition, lui proposant de venir faire un exposé sur le pouvoir et ses rouages secrets aux classes de troisième. Comme l'expédition était tous frais payés, et que le jovial bonhomme n'était pas de ceux qui refusent un bon gueuleton dans un restaurant du terroir, l'affaire fut vite conclue.

L'habile M. Barjoul comptait bien partager le repas de l'auteur et lui tirer les vers du nez après quelques verres d'Avèze, et une généreuse plâtrée d'aligot !

Et fut levé le mystère de Félicien Desbois. Il avait mené une vie trépidante pendant sa jeunesse, toujours entre deux avions et deux complots. À en croire l'écrivain, Félicien était une canaille sympathique aux innombrables conquêtes féminines et à l'esprit follement retors. La France lui devait quelques idées ingénieuses qui avaient permis de jouer quelques tours authentiques aux Russes pendant la guerre froide.

Ainsi, il n'était absolument pas le concierge parisien venu succéder à son père que tout le monde imaginait ? Non, il avait connu la belle vie, côtoyé les grands, bien que le plus souvent dans l'ombre. Il s'auréolait soudain d'un charisme que personne n'aurait pu prévoir, et se montrait sous un jour à se faire pâmer les âmes éprises de romanesque et d'aventure. En somme, un personnage aussi fabuleux qu'un comte de Monte-Cristo !

En se dévoilant par hasard, la vie inattendue de Félicien l'avait rendu attrayant.

Il fut décidé qu'une telle nouvelle se devait d'être rendue publique. Et l'on organisa, sous la férule sévère de M. Barjoul, une cérémonie commémorative pour le deuxième anniversaire de la mort du grand personnage. Après tout, ce n'est pas tous les jours qu'un village peut se targuer d'avoir vu naître, vivre et mourir un héros de la nation !

Une plaque fut apposée dans la salle d'informatique, la place de la mairie fut pompeusement rebaptisée Place Félicien Desbois, l'éditeur organisa un week-end Félicien Desbois avec dédicaces du livre et photos agrandies.

Et le petit Félicien Matois retrouva l'amour inconditionnel dans les yeux de ses parents.

Reste que nul ne sut jamais comment un simple fonctionnaire, même haut placé avait pu accumuler autant d'argent, ni pourquoi il avait choisi de finir sa vie ainsi, caché de tous.

Mais qu'importe ! Grâce à lui, le bourg respirait un peu à l'heure de Paris, et frissonnait a posteriori des terribles dangers encourus par Félicien, et on ne cherche pas trop de poux à qui vous donne raison de vivre, n'est-ce pas ?

Un héros est un héros, point.

Prison

Je frissonne, le jour décline. Beaucoup plus vite qu'il n'y a ne serait-ce que quelques jours. Dorénavant, la fraîcheur tombe tôt. Je n'ai aucune idée de la date. Mi-septembre ? Fin septembre ? J'ai rapidement perdu le compte des jours depuis la dernière visite d'Alice.

Je me revois, ce jour de mai où j'ai quitté mon appartement parisien, traînant ma lourde valise dans l'escalier. Ce n'est qu'une fois dans le taxi que j'ai réalisé que j'avais oublié mon chargeur de téléphone. J'avais hésité quelques secondes à faire demi-tour pour aller le chercher, et puis je m'étais dit « à quoi bon ? »

Je savais que la maison d'Alice, loin de tout, n'avait pas de réseau. Et l'un des buts de ces semaines en marge du monde était justement de me libérer de tous ces objets modernes qui nous étouffent, nous rendent esclaves. Pas de télé, pas d'internet, pas d'ordinateur, pas de téléphone. Rien.

Je le regrette amèrement aujourd'hui. En serais-je là si j'avais pu téléphoner ?

J'aurais pu parcourir les six ou sept kilomètres du chemin caillouteux qui part de la maison et descendre doucement jusqu'à trouver du réseau.

J'aurais pu me renseigner, appeler quelqu'un, avoir des infos.

Alice.

Savoir si elle va bien, si le monde va bien. Pauvre idiote ! Je suis là, à m'enrouler dans une couverture, assise sur le gros rocher plat qui surplombe la vallée, juste au-dessus du précipice. Je laisse la nuit balbutier et je guette les lumières.

Chaque soir, il me semble qu'elles sont un peu moins nombreuses. Je n'y ai pas vraiment fait attention au début, mais c'est très net quand on se donne la peine d'observer.

Peu à peu, soir après soir, la vallée disparaît imperceptiblement dans l'obscurité et les lumières des hommes se raréfient. Selon les soirs et les endroits, ce sont une ou deux maisons qui ne se rallument plus, ou une rue complète. Parfois, ce qui me paraît être un quartier entier. L'éclairage public ne prodigue plus ses halos rassurants.

J'en ai pris conscience bien après cette horrible nuit où ont retenti les explosions pour la première fois.

Pourquoi ? Les habitants de ces maisons qui restent désespérément dans un noir menaçant sont-ils partis ? Si oui, de leur plein gré ? Sont-ils morts ? Sont-ils vivants ? La ville n'est-elle plus qu'un ignoble charnier puant où les rescapés luttent contre l'odeur de la mort ?

Je ne sais pas. Je ne sais que ce que j'ai pu distinguer et deviner depuis mon perchoir tout là-haut sur la montagne.

Ces abominables nuits d'explosions, où je voyais des éclairs vifs et saccadés que je ne m'expliquais pas. Mais j'ai visionné assez de films et lu assez de livres pour en tirer la seule conclusion logique. Des tirs, des armes, des mitraillettes. Des gens qui tirent des heures durant dans toute la vallée.

Tout comme les ampoules dans les maisons, les tirs tendent à se raréfier depuis quoi ? Deux semaines ?

Mais je ne sais pas si je dois m'en réjouir ou m'en inquiéter.

Qui tire ? L'armée, des terroristes, des malfrats, de simples citoyens ?

Les hypothèses les plus folles m'ont traversé l'esprit, je ne sais pas à laquelle me raccrocher. Je ne sais pas ce que chacune peut représenter pour moi, comment deviner où se trouve le danger.

Pendant un mois, Alice est montée me voir les week-ends, m'amenant des fruits et des légumes, un journal local, et son sourire d'amie d'enfance fidèle.

Elle a sa vie, calme et tranquille dans la vallée, et a eu du mal à comprendre mon mal-être et mon besoin de solitude extrême. Mais elle n'a pas hésité une seconde à me proposer de me prêter cette ancienne bergerie isolée, comme refuge provisoire pour retrouver mon souffle. Ancienne bergerie pourvue du confort moderne. J'y ai tout ce qu'il faut, électricité et eau courante. Je n'ai pas pensé à lui demander par quel miracle ce bâtiment accroché aux flancs de la montagne pouvait disposer de tout cela.

Je ne me suis pas trop inquiétée de ne pas la voir pendant un certain temps, toute tournée sur ma misère ridicule de Parisienne stressée. Comme mes petits soucis me paraissent lointains et dérisoires maintenant !

Mais même mon anxiété pour Alice n'est pas assez forte pour me faire monter dans le gros 4X4 de location, et redescendre pour aller voir de près ce qui se passe.

Je suis au beau milieu d'une immensité de nature magnifique et sauvage, de la nature fière et indomptée à perte de vue. J'ai peur, et ma peur forme la plus solide et la plus formidable des prisons.

J'ai d'abord eu une réaction de refus, de repli. Je me réfugiais derrière la maison, pour ne plus regarder que vers le haut, vers les montagnes, les lointains sommets enneigés, les forêts denses, la caillasse qui roulait doucement sur les pentes sous les pattes de quelque animal que je ne distinguais pas. J'ai fait semblant d'ignorer que de l'autre côté, mon regard plongeait vers un monde humain où quelque chose de terrible se tramait.

Mais maintenant, je passe le plus clair de mon temps devant, sur ce rocher. Je regarde, je scrute l'horizon, je cherche des indices, des réponses.

De temps à autre, sur une crête à ma gauche, un reflet ou un rai de lumière me fait penser que quelque part là-bas, une autre maisonnette est encore habitée. Quelqu'un d'autre, comme moi, est terré dans son repaire. Un autre ou des autres, si proches et si lointains.

Mais si je peux deviner leur présence, eux peuvent aussi sans doute deviner la mienne. Et même si je crève du besoin de parler à un être humain, je me dis que cela peut me mettre en danger. Je ne sors rien de la maison qui puisse se refléter au soleil. J'ai ôté mes bijoux, ma montre. Je fais très attention.

Le soir, je ferme très soigneusement les volets de bois, doucement, pour ne faire aucun bruit. Le son voyage loin dans la montagne. La preuve, en tendant bien l'oreille, j'ai parfois l'impression de pouvoir saisir le staccato des armes automatiques en bas. Ou bien est-ce que je l'imagine ?

Une fois les volets clos, je tire les épais rideaux. Je veux être bien certaine de la parfaite isolation avant d'allumer une quelconque lampe.

Je n'ai rien à lire, rien à faire. Je laisse passer les heures, à réfléchir, perdue dans un océan d'angoisses et de questions. Je me dis que c'est une sorte de guerre civile, là, en bas. Elle doit être finie depuis le temps, dans un sens ou dans l'autre. Et que si je redescends maintenant, un semblant d'ordre sera revenu.

Mais si ce n'est pas le cas, et que la vallée, ou même le pays, sont livrés à la plus totale anarchie, je suis sans aucune défense.

Après tout, ici, j'ai l'eau, l'électricité, un énorme congélateur plein à craquer, une machine à laver, un four à micro-ondes. Je ne risque pas d'être prise de court dans un avenir proche. D'autant que dès la première nuit d'explosions, j'ai commencé à me rationner sur les quantités de nourriture, par prudence.

Je me moque de moi-même en imaginant des hordes de zombies en haillons qui déambulent dans les rues. Les zombies n'existent pas, ce n'est physiologiquement pas possible ?

Les deux choses qui torturent mon esprit en surchauffe sont l'imminence du froid et du mauvais temps, et l'éventualité que l'électricité soit coupée un jour.

Il y a eu un orage d'été une fois, dans les premières semaines, et le chemin qui monte à la bergerie est devenu totalement impraticable en moins d'une heure, et a mis deux jours à sécher, un torrent de boue dégoulinait de la montagne. Quand l'automne arrivera vraiment, je serai coincée et je n'aurai plus qu'un seul choix : attendre de passer l'hiver, et le retour des beaux jours.

Je n'ai pas de vêtements chauds, pas de chaussures d'hiver. J'ai cette couverture que je traîne sur mon dos chaque fin de journée, et un gros édredon sur le lit.

Je sais que si je dois tenter de descendre, je dois le faire dans les jours qui viennent, avant qu'il ne soit trop tard.

Mais pourquoi quitter un lieu où je suis en sécurité ?

Mais si l'hiver et la neige débarquent, et que brusquement l'électricité s'arrête, j'ignore si je pourrai survivre. La nourriture dans le congélateur ne se conservera pas bien longtemps une fois décongelée. Ou peut-être que je pourrais la mettre dehors dans la neige, pour la garder congelée. J'ai lu des livres, des histoires de trappeurs canadiens, mais je n'arrive pas à me souvenir de leurs techniques de survie.

Je donnerais tout ce que j'ai au monde pour être en train de me promener sur un boulevard, entourée de gens, pouvoir parler à quelqu'un, une vendeuse, un employé, n'importe qui.

Il y a deux jours, j'ai vu des incendies à plusieurs endroits de la vallée. Une dizaine de brasiers importants, qui ont éclaté de façon apparemment erratique, et qui ne semblent pas être combattus. C'est mauvais signe si même les pompiers ne sont plus opérationnels. Deux des plus gros foyers brûlent encore, dégageant une fumée noire épaisse qui monte droit dans le ciel.

Si l'électricité s'arrête, mon seul moyen de chauffage sera l'âtre de la pièce principale. Mais la fumée qui s'échappera de la cheminée se verra de loin. Je ne pourrai faire de feu que la nuit, et encore pas les nuits de pleine lune !

Quoi qu'il se passe en bas, je n'y étais pas quand ça a commencé, je n'ai pas suivi les différentes étapes, et je ne pense pas être capable de comprendre rien qu'en redescendant et me mêlant de nouveau au monde. Si le danger est omniprésent, comment faire pour savoir ce que je peux faire pour l'éviter ?

Je devine des horreurs, d'immondes horreurs. Sinon Alice serait venue depuis longtemps me rejoindre, ne serait-ce que pour se mettre à l'abri. Sans doute est-ce mieux que personne ne sache que je suis là.

Si mes souvenirs sont exacts, au bout des méandres du chemin, peu avant d'arriver à la vallée, il y a un hameau, une grappe de maisons frileusement serrées les unes aux autres. Je pourrais y descendre, furtivement, pour essayer d'en apprendre plus.

Je m'approche de la grange où j'ai caché le 4X4, dérobant ses chromes rutilants aux rayons indiscrets du soleil.

Pour me donner du courage, je me houspille, je me dis qu'il y a forcément une explication simple, rationnelle et rassurante aux choses étranges auxquelles j'ai assisté durant ces quelques mois. Que la distance m'a fait interpréter de travers ce que j'ai pu voir. Que si ça se trouve, je souffre d'une sorte de dépression paranoïaque qui me fait imaginer la fin du monde.

Je pose la main sur la poignée de la porte de la grange.

Au bout de mon champ de vision, j'entrevois le rougeoiement lugubre d'un incendie en fin de course.

Merde ! Je pourrais tuer pour une cigarette ! Je suis certaine qu'une cigarette m'éclaircirait les idées. Mais j'ai fumé la dernière il y a des semaines.

Dans le 4X4, j'ai déposé un sac (le mois dernier ? Celui d'avant ?), avec le minimum vital, et un énorme couteau à viande. Je dois être prête à fuir. Ce véhicule est gigantesque, je pense pouvoir foncer sur des obstacles et m'en sortir sans dommages. J'espère.

J'ai presque réussi à me décider à ouvrir la porte quand je perçois un bruit. Je ne l'ai plus entendu depuis la dernière visite d'Alice. Un bruit qui me dit que je ne suis plus seule au monde, que mon havre n'est peut-être plus de paix. Le bruit de cailloux qui roulent sous les semelles.

Quelqu'un monte le chemin.

Je ferme les yeux très fort, des paroles insensées traversent mon esprit, une sorte de prière désespérée à un Dieu auquel je ne crois pas. Pourvu que ce soit Alice, il faut que ce soit Alice.

Je desserre les paupières à regret, et lentement je me retourne.

Je suis aveuglée par le soleil couchant, je n'y vois rien.

Deux silhouettes débouchent en haut du chemin, lourdes, massives. Des hommes, au pas à l'opposé de la démarche sautillante de chiot joyeux d'Alice. Mon cœur cogne follement dans ma poitrine, comme s'il voulait en jaillir. Mais où irait-il ? Aussi loin que porte mon regard, dans toutes les directions, il n'y a que la montagne. Aucune issue, aucune échappatoire.

Je mets ma main en visière sur mon front, pour tenter de mieux voir, en vain.

L'un des hommes grogne, je crois qu'il a failli perdre l'équilibre quand une grosse caillasse s'est dérobée sous son poids.

Le soleil est bas sur l'horizon. Dans quelques secondes, il va passer derrière un pic et laissera sa place aux ténèbres dans un ultime flamboiement majestueux.

J'y verrai mieux. Je vais savoir.
Enfin.

Un maquillage parfait

Comme je me suis levée très tôt, bien plus tôt que d'ordinaire, il fait encore sombre lorsque j'entre dans la salle de bains. Après avoir allumé, je retire mon peignoir rose, celui que je préfère, car on croirait toucher le pelage ébouriffé d'un chaton. Je l'accroche sur la patère, et je pénètre dans la cabine de douche. Je me savonne et me shampouine soigneusement, avant de me rincer à l'eau juste tiède, comme ma mère me l'a appris. Dans la famille, nous avons une circulation sanguine assez erratique, et l'eau trop chaude n'est pas bonne pour nous. Forcément, je frissonne un peu en sortant, pendant la seconde qu'il me faut pour attraper le peignoir et m'en draper. Je fais mon brushing avec soin, pour que ma coiffure soit irréprochable. J'ai toujours préféré me maquiller comme ça, nue devant ma glace, je ne sais pas pourquoi. Une fine couche de fond de teint léger, pour commencer, rien de tel pour dissimuler les petites imperfections de la peau. Fard à paupières, eye-liner et mascara, je m'offre la totale aujourd'hui. La femme qui me sourit dans le miroir a un air assuré, juste ce qu'il faut pour affronter le monde dehors. Je jette un œil à ma pépette sur le lit, j'aimerais lui expliquer tout cela, les artifices féminins, mais elle n'est pas en état de recevoir mes enseignements.

De toute façon, il est temps de m'habiller. Un string satiné, du genre qui fait frissonner l'imagination rien qu'à le toucher. Soutien-gorge à balconnet, collants luxueux, jupe et chemisier coordonnés en soie bleue. Je traque le moindre faux pli du plat de la main, j'ai horreur de ça, je lisse. Surtout un jour comme aujourd'hui ! Je ne passe jamais moins de 30 minutes à me laver et me préparer, c'est mon rituel à moi. La pépette aime bien me regarder, assise dans un coin, le menton appuyé sur ses genoux pliés. Je lis dans ses grands yeux bleus toute l'admiration d'une fille pour sa mère, un amour encore sans borne ni conditions.

Je me tiens devant le dressing immense, le choix va être douloureux. Je dois laisser de côté toutes les fanfreluches qui me plaisent tant et n'emporter que des vêtements solides et confortables, aux couleurs passe-partout. Ma venue sera déjà suffisamment annoncée là-bas, pas la peine de m'afficher avec des teintes trop voyantes. Je vais devoir me fondre le plus possible dans la masse, devenir une souris grise parmi d'autres souris grises. Je pousse doucement les jambes de la petite pour faire de la place à la valise, où je dépose autant de vêtements qu'elle veut bien en contenir. J'ai à peine le temps de la fermer, que, déjà, on sonne à la porte. Je caresse la joue de ma fille avant de descendre l'escalier.

Ils sont venus à cinq, quand même ! Je leur souris, et m'efface pour les laisser entrer. On y est presque…

*

Je n'étais pas du tout convaincue par l'enthousiasme débordant de Franck à être papa. Cette grossesse, loin d'être désirée, me flanquait une trouille de tous les diables. J'étais une pessimiste acharnée quant à l'avenir du monde, et y ajouter un enfant supplémentaire ne me paraissait pas une si bonne idée. Plus les mois passaient, plus mon ventre s'arrondissait, et plus mon angoisse augmentait. Ce bébé gigotait, me donnait des coups de pied un peu partout, se nourrissait de mon suc vital. Je le haïssais de prendre toute cette place, et de me désigner à la face du monde comme une irresponsable. Je vomissais, dormais mal, et avais droit à tous les tracas d'une future mère. J'étais loin de me douter de la puissance de l'amour qui allait m'envahir au moment où on me déposa ma fille dans les bras. Ce regard étonnant, tout neuf, et qui paraissait pourtant contenir toute la sagesse des milliards d'êtres qui l'avaient précédé, s'accrocha au mien, et je devins mère. Ce n'était quitter les tourments de la haine que pour mieux tomber dans les affres de l'amour.

Cette naissance, c'était un grand cahier vierge, aux pages blanches, que nous allions remplir jour après jour, pour écrire le livre, que j'espérais magique, de sa vie.

Je cessai aussitôt d'exister pour moi-même, et me transformai en boule d'inquiétude, ne vivant plus que pour protéger ma fille de la cruauté du monde. Je me levais toutes les heures la nuit pour vérifier son sommeil. Je ne laissais personne d'autre que Franck et moi la toucher, à moins d'une féroce séance de lavage de mains préalable. Et encore, même cela n'était réservé qu'à un cercle très restreint : famille immédiate et pédiatre. Moi, la femme ambitieuse, je démissionnai pour m'occuper à plein temps du nourrisson. Ma Lucie se révéla être le bébé le plus parfait de l'univers : sage, calme, aux besoins facilement identifiables et aisément comblés. Elle regardait son monde de son regard serein, le bleu de ses yeux enregistrait tout, emmagasinant les informations qui lui serviraient plus tard. Elle supportait les maladies de l'enfance avec un stoïcisme qui aurait fait rougir bien des adultes. Même terriblement fiévreuse, elle ne geignait jamais comme le faisaient les autres nourrissons dans la salle d'attente du médecin. Elle patientait en me dévisageant, sachant que d'une façon ou d'une autre, je ferais ce qu'il faudrait pour que cessent ses tourments. J'enrageais de ne pas pouvoir mieux la protéger. Et je lavais, grattais, récurais de plus belle pour éloigner d'elle les organismes pervers qui ne cherchaient qu'à lui nuire. Certains jours, j'avais la peau des doigts à vif d'avoir tant frotté. Mais je préférais souffrir plutôt que de voir encore sa beauté innocente altérée par la douleur d'une otite, ou les désagréments d'une méchante toux.

Je l'emmenais partout, au parc, à la piscine, au manège, dans les musées, nourrir les canards dans les étangs, faire du poney… nous étions une entité unique matérialisée dans deux corps, un mauvais tour joué par la nature. Franck s'inquiétait parfois de ce lien étroit, et me disait qu'il me fallait apprendre à vivre en dehors d'elle. Mais je riais.

Et ainsi, de printemps en printemps, et de rires en rires, nous écrivions son histoire. Un mot après l'autre.

Peu de temps après son troisième anniversaire, Lucie entra à la maternelle. Je n'ai pas besoin d'ouvrir l'album photo pour me remémorer ce grand jour. Ma pépette rouge de

190

fierté, dans sa petite robe rose, qui avance crânement vers la porte de la classe, prête à affronter ce monde nouveau et fascinant. Jusque-là, ses relations avec d'autres enfants n'avaient été que très épisodiques, des copains d'un jour rencontrés au gré de nos sorties. Et tout naturellement, elle avait envie d'avoir des amis précis qu'elle pourrait voir de façon régulière. Et moi, sottement, je souriais aussi, sans doute, pensant qu'il s'agissait là d'un bien beau moment.

Nous avons commencé à déchanter quelques semaines après la rentrée scolaire. Les charmants bambins du premier jour, impressionnés par la maîtresse, avaient rapidement cédé la place à de véritables petits monstres. Un en particulier en avait sans cesse après Lucie. Oh ! rien de bien méchant, il n'avait que trois ans après tout ! Il lui tirait les cheveux dans le couloir, lui marchait sur les pieds ou lui arrachait le vélo à la récréation.

Dès le premier jour, les heures sans Lucie me laissaient vide, sans envies, n'ayant qu'une hâte, que le temps galope pour me rapprocher au plus vite de l'instant de nos retrouvailles. Mais plus les semaines passaient, plus ces heures me parurent longues. Je voyais dans ma tête des images terribles où ma fille se trouvait seule au milieu d'un groupe de gargouilles hurlantes qui la harcelaient, jusqu'à ce que des larmes viennent brouiller ses yeux. Je m'extirpais avec difficulté de mes cauchemars diurnes, pour me précipiter au portail de l'école, avec parfois une heure d'avance. Franck me serinait à quel point tout cela était ridicule, qu'il fallait que Lucie apprenne à se défendre, que le monde n'était pas facile, et toutes ces balivernes. Moi, je savais tout cela, mais je refusais obstinément que ma fille puisse souffrir. C'est tout.

On pense qu'il n'y a que dans les romans qu'un événement précis chavire une existence, qu'il s'agit d'artifices littéraires destinés à entretenir un certain suspense dans l'esprit du lecteur, qui quitte à regret l'ouvrage à la fin d'un chapitre, avide d'en connaître la suite. Mais c'est faux, de tels instants existent aussi dans la vraie vie, qui a cette faculté étonnante de parfois se comporter comme une fiction ratée.

Le jour qui fit tout basculer, je récupérai Lucie à 11 h 30 la joue gauche toute griffée. Elle s'avançait bravement dans le couloir, mais sa petite bouche fripée me prouvait combien elle était perdue, et à quel point c'était difficile pour elle de ne pas se jeter dans mes bras en pleurant. Insupportable.

Cet après-midi-là, il y a trois jours, j'ai pris LA décision. Au début, je m'étais juste dit que je ne la remettrais plus jamais à l'école. Une rapide recherche sur internet m'avait confirmé que l'enseignement est obligatoire, pas la scolarisation. Je pouvais si je le souhaitais éduquer ma fille à domicile, avec simplement des vérifications périodiques de ses acquisitions. Nul doute qu'avec une enfant aussi intelligente que Lucie, les programmes seraient vite avalés !

Mais en la regardant dormir près de moi, son petit bras chaud pesant lourd sur ma cuisse, j'ai pris conscience d'une chose effroyable. Quoi que je puisse faire, je ne ferais que reculer le moment fatidique où la souffrance, la vraie, finirait par la happer. J'imaginai son premier chagrin d'amour, un éventuel divorce qui la laisserait anéantie. Dans un grand frisson, je pensai à ce qu'il adviendrait d'elle si un jour un homme abusait de force de sa beauté. Les larmes coulaient sur mes joues. Peut-être que plus tard, dans bien longtemps, quand je ne serais plus là pour veiller sur elle, elle perdrait un enfant. Malgré toute ma bonne volonté, je ne pourrais pas indéfiniment la protéger, pas sans en faire une inadaptée solitaire et enfermée dans une tour d'ivoire.

Le livre prenait une saveur trop amère pour continuer à le remplir, si c'était pour y faire figurer tant de drames inéluctables, page après page. Autant le laisser blanc.

Tout en caressant doucement sa chevelure noire, je réfléchis longuement.

Et la solution, l'unique solution, me vint. Franck était en déplacement professionnel au Québec, la voie était donc libre de ce côté.

Nous consacrâmes la journée du lendemain et du surlendemain à faire tout ce qui nous passait par la tête, à manger des glaces, à courir après le chat dans toute la maison. De parties de cache-cache en karaoké, elle vécut sans doute les deux plus belles journées de sa vie. Sans devoirs ni contraintes, juste elle et moi.

Le deuxième soir, je lui ai servi un verre de sa mixture préférée : kiwis, oranges et fraises passés à la centrifugeuse, à laquelle j'ajoutai avant de mixer le contenu entier d'un flacon de somnifères.

Elle avala tout son verre, en papotant normalement, ne se doutant de rien. Je fis tout mon possible pour ne rien laisser paraître, afin de ne pas lui gâcher ces deux journées de fête ininterrompue.

Quand enfin le sommeil la prit, je la déposai doucement sur mon lit et la regardai s'endormir, une main sur son torse menu. Je ne bougeai que lorsqu'elle fut devenue complètement froide. Et même alors, c'est avec beaucoup de difficultés que je la lâchai. Je savais que c'était une des dernières fois que je la verrais. Elle était si belle ! le visage calme, un léger sourire flottant encore au coin de sa bouche. J'appelai Franck au Québec, pour lui dire ce que j'avais fait. Je n'ai même pas essayé de lui expliquer, le choc était trop violent pour qu'il puisse entendre mes justifications. Cela viendrait plus tard. Je savais qu'il alerterait aussitôt les services de police, mais qu'il ne pourrait jamais être là avant au moins une demi-journée. Je tenais avant tout à lui épargner le spectacle de Lucie endormie à jamais sur le lit. Ce serait trop dur pour lui.

*

Les officiels sont entrés. Je n'ai jamais été très douée pour reconnaître les uniformes. Je ne sais pas s'il s'agit de gendarmes ou de policiers. Quand je m'en enquiers, ils ne me répondent pas. Alors, pour faire honneur aux manières inculquées par ma mère, je leur propose une boisson chaude, un thé ou un café.

— Après tout, leur dis-je, il est affreusement tôt, et à cause de moi, vous êtes déjà en train de travailler.

Ils me regardent bizarrement, et me demandent d'une voix très douce, du genre de celle qu'on va employer pour parler à une arriérée mentale, de les amener jusqu'à Lucie. Ce que je fais bien volontiers, je suis fière de ma fille. Je laisse planer sur mon visage un sourire exprimant la satisfaction du travail bien fait. Tout se déroule à la perfection.

Je n'explique rien à eux non plus, ils ne peuvent pas me comprendre, pas avec le corps de Lucie sous les yeux. Je me demande s'il existe quelqu'un au monde qui puisse comprendre. Je sais qu'on me traitera de folle, de dégénérée, que les journaux vont s'en donner à cœur joie. Probablement qu'une petite futée de psychologue essayera de me faire croire qu'elle pense comme moi, pour m'extirper des phrases définitives qui feront bien dans le best-seller qu'elle compte écrire.

Mais qu'importe ! Lucie est à l'abri, pour toujours. Ce monde moche et cruel ne peut plus rien contre elle, rien ne peut plus abîmer une telle perfection. Ma fille restera dans le souvenir de ceux qui l'ont approchée telle qu'elle est maintenant, et grâce à mon geste passera à la postérité. Lucie Sauveur, un nom qui évoquera encore des choses et son visage dans des dizaines d'années. J'ai écrit le mot fin d'un mouvement doux, tendre. Ce livre-là s'arrête plus tôt que prévu.

Les policiers me font signe qu'il est temps, j'attrape ma petite valise, je saisis au passage mon reflet dans le miroir de l'entrée, une dernière fois. Cheveux en place, et maquillage parfait. Je suis prête.

À PROPOS DE L'AUTEUR

Retrouvez Céline Saint-Charle
:
www.facebook.com/celinesaintcharle.auteur

celinesaintcharle.wordpress.com

Page de l'auteur
sur Amazon

Table des matières

Après tout, ça arrive tous les jours 7

Avec vue sur la cour 21

3 juillet..35

Bleu marin 45

Car 57

Le fils de madame Kassim 65

La course souple des lionnes............................77

dans la savane 77

Rue Catulienne 95

Loin de Caroline..109

Les clowneries d'Amélie...................................123

La vilaine petite cane 135

Dans la vallée 145

Le mystère Félicien Desbois 157

Prison..173

Un maquillage parfait 185